후남의 영화읽기

후남의 영화읽기

초판발행일 | 2022년 7월 7일

지은이 | 한후남
펴낸곳 | 도서출판 황금알
펴낸이 | 金永馥

주간 | 김영탁
편집실장 | 조경숙
인쇄제작 | 칼라박스
주소 | 03088 서울시 종로구 이화장2길 29-3, 104호(동숭동)
전화 | 02) 2275-9171
팩스 | 02) 2275-9172
이메일 | tibet21@hanmail.net
홈페이지 | http://goldegg21.com
출판등록 | 2003년 03월 26일 (제300-2003-230호)

값은 뒤표지에 있습니다.

ISBN 979-11-6815-016-4-03680

후남의 영화읽기

한후남 지음

황금알

내가 어렸을 적에 관람한 영화의 장면들은 수십 년이 지난 지금껏 생생하게 머릿속에 찍혀 있다. 감수성이 예민한 시기에 보았기 때문에 특별하게 기억하고 있다고는 생각지 않는다. 김승호가 출연한 〈마부〉의 일몰, 포도밭에서의 남녀의 사랑을 에로틱하게 잘 표현한 〈뽕〉〈희랍인 조르바〉의 자유분방한 댄스, 젤소미나의 뼈에 사무치는 고독을 잘 보여주는 '길'의 장면 등 일일이 열거할 수도 없이, 많은 명장면들이 기억의 창고에서 튀어나와 나의 길동무가 되는 것이다.

우리가 영화를 선택하는 데는 여러 가지 기준이 있을 것이다. 단순히 오락적인 차원에서, 가벼운 기분전환으로, 때로는 직접 만날 수 없는 인물이나 사건을 영화를 통해 새롭고 진귀한 경험을 하고자 영화관을 찾기도 한다. 스토리를 강조하는 영화가 있는가 하면 장면이 빼어나 영화가 끝난 후에도 자리를 뜰 수 없는 영화도 있다.

이러한 개별적인 기억의 편린들을 다시 맞추면서, 새로운 이미지들의 영화와 함께, 미지의 독자들과 공유하고 싶은 바람으로 이 책을 썼다. 세월이 흘러도 시공을 관통하여 우리에게 오래오래 남을 수밖에 없는, 영화의 힘을 믿고, 그리고 영화는 계속된다는 영속성에 지지를 보낸다. 그리고 이 책을 만드는 데 힘을 보탠 내 동생 화가 한정실, 딸 지영과 가족들이 고맙다. 끝으로 어려운 시기에 이 책을 흔쾌히 발간해준 김영탁 시인과 편집팀들에게 감사를 드리면서, 미지의 독자들에게도 이 책과 만나는 여정이 이어지길 희망한다.

2022년 4월
한강의 벚꽃이 피고 지는 시절에
한후남

차 례

한(恨)의 소리, 서편제

문학계의 거성 이청준 소설가가 타계했다.

〈서편제〉는 이청준의 연작소설 『남도사람들』 5편 중, 일부만을 영화화한 작품이다. 그리고 배후에 많은 일화를 간직한 영화이다. 영화배우 오정혜를 발굴해서 일약 스타덤에 오르게 했고 업신여기던 우리의 소리에 가치를 부여할 계기가 된 영화이다. 또한 제작자 이태원과 임권택 감독에게는 인생의 크나큰 전환점이 되었던 영화이다.

임권택 감독은 '병신춤'의 대가 공옥진의 소리와 춤을 접하고 가슴 깊은 곳을 정통으로 맞은 듯 얼이 빠져나가는 느낌이었다고 술회했다. 어릴 때부터 듣고 자란 판소리는 그의 안에서 뿌리내려 '서편제'가 되고 '춘향뎐'이 되었던 것이다.

서편제는 고졸(古拙)하고 소박한 동편제의 전통적 창법에서 탈피해 가공과 수식으로 소리를 만드는 후천적 기법의 소리로 광주, 나주, 보성 등 주로 섬진강 서쪽 지방에서 불린다.

돌을 갓 넘긴 사내아이가 뙤약볕이 내리쬐는 콩밭 머리에서 탯줄을 길게 늘어뜨린 듯 광목 끈에 묶여 흙을 파먹고 있다. 김을 매고 있는 젊디젊은 어미는 마을에서 들려오는 소리에 홀려 이미 제정신이 아니다. 머리 위의 해는 이글거리고 흙투성이가 된 어린아이는 이미 고달프고 한 많은 인생살이에 한발을 빠뜨리고 있다.

잔칫집에서 구성진 가락을 뽑아 올리던 소리꾼 사내는 달빛이 교교한 밤, 청상과부의 방에 달빛 타고 스며들어 돌배기 아들 앞에서 뜨거운 몸뚱이를 섞고 만다. 여인과는 길지 않은 인연인가 아이를 낳다가 여인은 죽고 어린 남매 둘을 데리고 사내는 불타는 단풍잎을 즈려밟으며 소리 여행을 시작한다.

사내는 소리가 시원찮은 아들에게는 북채를 잡히고 어린 딸에게는 소리를 가르치려 무던히도 애쓴다.

"서편소리는 사람의 가슴을 칼로 저미는 것처럼 한이 사무쳐야 하는데 네 소리는 예쁘기만 하지 한이 없어."
"밀고, 달고, 맺고, 푸는 북장단의 추임새로 길을 안내하듯 소리를 이끌려면 장판지가 절듯이 몸뚱이 속에 북가락이 절어야 한다." 사내는 자신이 이루지 못한 소리를 구현하고자 남매를 혹독하게 휘몰아친다.

이미 장거리에서는 약장사와 서커스단이 아코디언과 트럼펫 소리로 구경꾼들을 몰아가고 소외된 소리꾼 사내와 남매는 연명하기조차 힘들어진다.

 "소리꾼 목구멍이 갈보년 밑구멍보다도 못한 세상!" 사내는 절망하여 술에 절어 남매를 더욱더 학대한다. 아비의 술주정에 지친 아들은 '소리하면 쌀이 나오나, 밥이 나오나, 이놈의 광대 노릇 때려치우면 그만 아냐'고 사내의 매를 피해 가족 곁을 떠난다. 둘만 남은 부녀는 다 허물어져 가는 폐가 한 귀퉁이에 기거하며 악착같이 소리에 매진한다. 그러나 오라비를 떠나보낸 딸이 시름에 빠져 소리를 놓자 사내는 한약을 달여 먹이고, 한약재 부자(附子)를 많이 먹으면 눈이 멀게 되는 것을 우연히 알게 되자, 비정한 아비가 되고 만다.

 보약인 줄 알고 먹은 약기운이 번져 점점 시야가 흐려 오자 딸은 체념한 듯 읊조린다. "전 이제, 하늘도 달도 별도 노을도 못 보게 되나요?" 핏빛 노을을 등지고 언덕에 서 있는 소녀의 처연한 모습 위로 유장하고 창연한 진양조 가락이 휘감아 돌고 있다.

 죽은 눈빛이 목청으로 살아났던지 딸아이의 소리는 윤택해지고 이제 목이 트인 듯하다. 구불구불한 초가지붕을 끼고 터져 나온 심청가 가락이 애처롭게 매달린 선홍빛 감 가지에 피를 쏟듯 매달린다.

"통성을 쓰지 말고 코를 울려 가성을 써라. 상성을 지를 때는 창이라도 찌를 듯 힘차게 내질러라, 아님 넋두리, 흥타령이 된다."

한 젊은 사내가 고을마다 돌며 소리하는 여인을 수소문했다. 그리고 비로소 소리재 주막에 와서야 애타게 찾던 누이를 발견한 것 같았다. 사내가 떠날 때, 아버지가 지긋지긋하지 않나 물었었다. 누이의 '난 소리가 좋아, 소리를 하면 만사 다 잊을 수 있거든' 그 말을 회상하며 사내는 북채를 잡고 장님 여인과 마주 앉았다.

여인의 소리에는 점점 더 힘이 태이고 이마와 콧잔등엔 땀방울이 송골송골 맺혔다. "내 청춘도 날 버리고 속절없이 가버리고……" 여인의 머릿속으로 피울음 같은 세월이 스쳐 지나간다. 가을이 가고 겨울이 오고 백설이 휘날리며 구성진 가락은 세월을 잘도 떠밀고 지나갔다.

남매는 서로에 대해 내색을 하지 않는다. 오라비가 떠나고 나서야 비로소 "제 소리가 저 사람의 북장단을 만났을 때, 진즉 알아봤지요." 하고 실토한다.

장님 여인을 10년이나 품어줬던 주막 사내는 여인을 보내며 피 같은 절규를 뿜어낸다.

"한이라는 건, 누구한테 받아 지닐 수 있는 것이 아녀, 긴긴 세월, 먼지처럼 쌓이는 것이라네……."

핏줄

이 다큐멘터리를 보게 된 것은 정말 우연이었다.

오랫동안 영화를 보면서 계속 가져온 생각인데 아무리 잘 만들어진 영화일지라도 원작(시나리오)과의 관계가 왠지 석연치 않아 시나리오의 행간을 샅샅이 읽고 싶은 답답함이 많았다. 말하자면 억지로 틀 속에 잡아넣은 듯한, 정형화된 화면을 쫘악 찢어내고 그 안에 갇혀있는 미처 표출되지 못한 진실을 틀 밖으로 끄집어내고 싶은 충동이 일었다.

숨 막히도록 답답한 내 영혼을 자유롭게 해방해준 작품이 바로 다큐멘터리 〈여성의 운명(Women's History Trilogy)〉(감독, 시나리오, 김소영)이다. 김소영 감독은 한국종합예술아카데미 1회 졸업생으로서 현재 한국영상예술대학에서 영화를 가르치고 있다.

〈거류〉는 2001년 '서울여성영화제'와 '야나가타 국제다

큐멘터리 페스티벌' 출품작이다.

　김소영 감독은 거류(居留 – 남의 나라 영토에 머물러 삶, 去留 –떠나감과 머물러 있음, 죽음과 삶)라는 제목을 통해 펼쳐질 이야기를 함축적으로 예시하고 있다.

　김감독은 어릴 적, 할머니와 마실 가는 것을 즐겼다. 아랫목이 절절 끓는 방에서 노래도 곧잘 부르고 동치미 국물을 얻어 마신 후, 할머니 무릎에 누워 이웃 할머니들의 이해되지 않는 한스런 얘기를 가만히 듣곤 했다.

　어떤 감정도 이입되지 않은 정갈한 목소리로 감독은 이야기를 이끌어 간다.

　　내가 열 살 때 즈음
　　한밤중이거나 혹은 새벽이거나
　　잠에서 깨면
　　할머니는 치마에 얼굴을 묻고 울고 계셨다.

　　할머니
　　일기를 써
　　난 10원짜리 공책을 내밀고

　　할머닌
　　연필에 침을 묻혀

종이에 몇 글자를 꼭꼭 새긴다.

함안 이씨 집안의 맏딸로 태어나 고성으로 시집온 김감독의 할머니는 남편과 일찍이 생이별을 했다. 남로당이었던 남편은 월북해, 온 집안을 연좌제에 묶어놓았다. 그런 남편을 평생토록 원망하며 살았다.

남편의 죽음을 애달파하는 친구에게 "그래도 넌 찾아갈 무덤이라도 있지!" 사무치듯 부러워했다. 돌아가시기 1년 전, 고향에 왔을 때 "성님, 고성 와도 우리 문디는 없네요!"라던 절규를 회상하며 일흔이 넘은 아들은 가슴이 미어지며 눈시울을 붉힌다.

할머니는 김감독이 어릴 때부터, 이다음에 크면 기차를 타고 고성에 가자고 밥 먹듯이 말했다. 그러나 안타깝게도 손녀딸과 고향에 가보지 못한 채 김감독이 18세 되던 해에 폐암으로 세상을 뜨고 만다.

그리고 10년 후, 김감독은 할머니의 넋이 불러 귀향했다는 부친의 말처럼 할머니가 애타게 그렸던 고성 땅을 밟게 된다. 작가는 고성 땅을 밟아보고 비로소 고성에는 기차역이 없다는 것을 알게 된다.

막연히 그려보던 고향행 안내자로 18세기 중기에 만들어진 영남지도 고성현 편을 펼쳐놓고 있다. 함안, 고성,

창원, 진해가 장기판처럼 표시된 길을, 작가의 카메라는 집요하게 따라간다.

　전국에서도 드물게 풍광이 수려한 자란만에 도달하여 작가는 열락으로 몸을 떤다. 쪽빛 하늘에 피어오르는 뭉게구름, 바람에 술렁이는 대숲, 끝없이 이어지는 돌담을 카메라는 신들린 듯이 달려가고 있다.

　할머니는 언문에 능해 동네의 편지와 제문까지도 대필해 주었다고 한다. 그러나 아이러니하게도 자신의 글은 하나도 남기지 않았다고 한다. 문어체로 남긴 어떤 글보다도 어머니의 이야기는 문학이요, 철학이요, 텍스트였다고 일흔이 넘은 민속학 석학은 눈물이 그렁해서 어머니를 회고한다.

　곱게 늙은 할머니 한 분이 툇마루에 앉아 오래 묵은 두루마리 제문을 읽고 있다.

　"아들딸 구별 없이 애지중지 사랑하여 금옥같이 자라날 때……"

　그 가락이 아리랑 가락처럼 슬프고도 애잔하다. 할머니 앞에서 흔들리는 선홍빛 접시꽃은 또 왜 이다지도 가슴 속을 후벼 파고드는지…….

장면마다 여백을 많이 주어 시각과 청각을 한 치 오차도 없이 조응시킨 감독의 예술 감각이 신기에 가깝다.

예로부터 남성들이 세상과 교신하던 봉수는 최초의 디지털 방식인 셈이다. 감독은 고성 자이산 392미터 정상에 놓인 봉수대에 올라 핏빛으로 물든 자란만을 바라본다.

나는 여태까지, 그렇게 가슴이 얼얼하도록 처절한 노을을 본 적이 없다. 하늘과 땅은 태고의 울음을 질펀하게 쏟아내고 있는 것일까? 아마도 감독은 핍박받던 옛 여성의 고난과 시름을 끌어내어 원풀이하듯 그곳에 풀어놓았으리라.

이지러진 문창살, 찢어진 창호지를 통해서 들어오는 빛줄기, 수백 쪼가리로 정교하게 이어붙인 조각 이불, 무심한 듯 곳곳에 놓여있는 토속적인 소재들은 감독의 고향 사랑이 얼마만큼 곡진한지 물 흐르듯 보여준다.

두 번째 이야기는 진해 흑백다방이 소재이다. 흑백다방은 60년대부터 창원, 마산, 진해 예술가들의 아지트였다. 두 자매의 부친은 서양화가 유택렬 화백이고 어머니는 민예품과 골동품을 수집하는 분이었다.

오방색을 주로 사용한 강렬한 느낌의 부적 같은 그림과 목단 수, 선반 위의 등잔, 떡살, 고리짝, 엿장수 가위 등의 민속품 하나하나가 제 모습을 온전하게 드러내고 있는 것이 박물관을 방불케 한다.

피아노를 전공한 둘째 딸은 대처로 나갈 기회가 있을 때마다 집안의 대소사와 맞물리게 되어 이제껏 그곳에 붙박여있다. 문밖에는 현대의 속도를 과시하듯 자동차가 쌩쌩 달리는데 케케묵은 뮤직 박스에서 여전히 낡은 LP판을 턴테이블에 올려놓고 커피를 끓이는 골동품 같은 여인 경아.

"어머니는 강한 분이셨어요. 새벽 4시에 눈 비비고 일어나는 내게, 커피를 진하게 타서 마시게 하곤 학교 가기 전까지 매일 3시간씩 피아노를 치게 하셨죠!"

퍽 어릴 때부터 커피를 마시기 시작했다는 그녀는 흑백다방의 붙박이처럼 굳어져 버린 자신의 운명은 이미 그때부터 예정되어 있었다고 담담하게 말한다.

해묵은 골동품처럼 고졸(古拙)한 모습이 가슴을 무너뜨리고 있다. 마치 흑백다방의 일부인 양 고집스레 제 자리를 지키는 여인을, 감독은 애잔한 시선으로 담아낸다. 그러나 그곳에서 절망이나 단절을 읽어내지 않는다.

오히려 묵은 것, 느린 것, 무덤덤함이 이 시대에 꼭 있어야 할 덕목이라고 강변하고 있다. 그래서 유경아가 지키고 있는 흑백다방은 단지 공간으로만 존재하고 있지

않다. 먼 조상으로부터 이어받은, 한국 고유의 전통을 지
켜가려는 꿋꿋한 정신으로써 존재하는 곳이기 때문이다.

포화 속에 꽃피운 우정

  6.25 전쟁으로 말미암아 한민족이 남북으로 갈린 지가 올해로 벌써 58년째이다. 애통하게도 올봄 북한의 도발로 천안함 희생자가 36명이나 났다. 북한은 아무리 발뺌을 하려 해도 한미 합동 과학적 조사로 확증을 잡았으니 평화를 갈망하는 세계 우방국들의 지탄에서 벗어날 수 없다. 지금 세계의 이목은 온통 한반도에 쏠려있다.

  전후세대인 우리들은 부모님을 통하여 또는 영화나 책을 통한 간접경험으로만 동족상잔의 피비린내 나는 전쟁을 기억하고 있을 뿐이다. 총알이 빗발치는 아수라장을 어린아이를 업고 걸리고, 보퉁이를 이고 지고, 울며불며 피난 가는 행렬을 떠올리거나, 엄동설한에 눈보라가 휘몰아치는 화물차 칸에 짐짝처럼 가득 실려서 남쪽으로 향하는 피난민을 떠올리기에 십상이었다.

  이광모 감독이 시나리오도 직접 쓴 〈아름다운 시절〉은

종래에 우리가 기억하고 있는 전쟁영화와는 판이하게 다른 영화이다. 주인공 '나'는 이광모 감독 자신이 그 시절로 되돌아가 1인칭 화자가 되어 등장하고 있는지도 모르겠다. 영화 말미에 '고난과 절망의 시대에도 늘 희망의 불씨를 간직하고 사셨던 할아버님과 아버님께 이 영화를 바칩니다.'라고 덧붙인 걸로 미루어 짐작하건대.

포탄이 빗발치는 살벌한 전쟁 속에서도 어린아이들은 그들만의 놀이에 몰두하며 천진난만한 웃음을 활짝 피워 올린다. 배고픔의 고통조차도 기쁨으로 치환시키는 비상한 재주를 그들은 지닌 것일까, 영화 감상 내내 어린왕자의 뒤를 쫓는 것처럼 흥미진진하기가 이를 데 없다.

이광모 감독은 우리가 유년기에 즐겼던 사방치기, 말타기, 딱지치기를 하며 노는 어린아이들의 세계를 세밀하게 묘사하였다. 노을이 붉게 물든 운동장에서 자유분방하게 놀이를 즐기는 개구쟁이들의 얼굴에는 전쟁의 공포나 고통의 기색은 어디에서도 찾아볼 수 없다. 구김살 없이 뛰노는 아이들의 얼굴이 내 눈에는 요즘 청소년들의 표정보다 훨씬 더 행복하게 비쳤다면 과장된 표현일까?

대사를 줄이고 원거리에서 렌즈를 맞춰 촬영하였기 때문인지 장면 장면이 동화 속 풍경처럼 아름답게 정제되어 있다.

〈아름다운 시절〉은 95년, 미국 국제시나리오대회에서

그랑프리를 수상했고, 98년 동경과 하와이국제영화제에서도 대상을 수상했다. 관람자의 마음을 송두리째 뺏어다가 타임머신을 탄 듯 그 시절로 단박에 되돌려 놓는 **빼어난** 장면들은 인종을 초월해서 감동을 몰고 왔으리라. 국제영화제에서는 '고향의 봄(Spring In My Hometown)'이라고 제목을 붙였는데 고향이 창원인 이원수 선생이 작곡한 '고향의 봄'을 배경음악으로 사용한 데서 연유한 듯하다.

천진난만한 아이들의 시선을 시종일관 따라가면서도 현재 전쟁이 진행 중이라는 것을 일깨우는 방법이 특이하다.

1952년 6월, 거제도 피난민 식당 소요 발생.
> 미군 장교와 사귀는 누나 덕분에 아버지는 미군 부대에 일자리를 얻을 수 있었다.

1952년 10월, 유엔 한국원조 2억불 결정
> 선생님의 가족들을 몰살시킨 아버지 때문에 따돌림을 당하던 '빨갱이 아들' 상연이는 그날로 학교를 그만두었다.

1953년 11월, 닉슨 부통령 내한.
> 누나는 미군 장교와의 교제 끝에 임신을 하고 만삭이 되었으나 스미스 중위는 영영 만나지 못했다.

이처럼 전쟁 중의 굵직한 사건과 피난민 동네의 이야기를 연결해놓았다.

영화는 마을 우물에서 벌어지고 있다. 어두컴컴하고 눅눅한 우물 속을 마을 사람들이 떼지어 들여다보고 악다구니를 치고 있다. 우물 속의 한기만큼이나 섬뜩한 적의가 드러난다. 어릴 적, 동굴처럼 돌로 정교하게 쌓아 올린 깊이를 알 수 없는 우물은 호기심을 극도로 부추기는 대상이자 동시에 어둠의 세계에 대한 공포의 대상이기도 했다. 생명의 젖줄이자 위험이기도 한 우물의 양면성을 이광모 감독은 첨예한 이념의 대립으로 환치시켰다. 그 속에 초등학교 교사의 가족을 몰살시킨 빨갱이 상연이의 아버지가 숨어있었던 것이다.

북한에 부모와 맏아들을 떼어놓고 피난 내려온 주인공 성민의 아버지는 미군 장교와 교제하는 딸 덕분에 미군부대에 일자리를 구했다. 그리고 동네에서 유일하게 자전거를 타고 출퇴근을 한다. 성민의 부모 역할을 배우 안성기와 송옥숙이 맡았는데 이들의 뛰어난 연기력으로 이 영화는 한층 더 살아나고 있다.

미군들의 뚜쟁이 역할을 하는 성민 아버지의 표정은 비굴하고 간사하기 그지없다. 천연덕스럽게 역할을 소화하는 인간미 넘치는 배우 안성기의 젠틀한 본 모습이 오버랩되며 자꾸 웃음이 치솟는다.

마을에서 멀리 떨어진 곳에 곡식 창고로 쓰던 폐가가 있다. 이곳은 개구쟁이의 놀이터이기도 하고 미군들이 성욕을 푸는 장소이기도 하다. 어느 날 미군 지프차를 쫓던 악동들은 창고에서 벌어지는 미군의 성행위 장면을 목격하게 된다. 그러나 성행위 장면보다도 악동들의 관심을 끄는 것은 미군이 흘린 라이터나 망원경이었다.

아버지가 의용군으로 끌려간 '창희'는 성민이네 아래채에서 근근이 끼니를 때우며 살고 있다. 성민 아버지의 도움으로 미군부대에서 빨랫감을 얻어 와서 그것으로 연명하는 형편이다. 성민 엄마는 창희네 식구를 구박하지만, 성민이는 창희와 둘도 없는 단짝으로 창희를 돕고 있다. 물지게를 지고 나란히 강에 나가 물을 푸는 장면이나, 강가 모래밭에 줄에 널린 빨래가 나부끼는 모습, 그 위로 백로가 한가로이 날갯짓하는 모습들이 수채화처럼 아름답게 펼쳐져 있다. 남북이 서로 총부리를 겨누는 살벌한 전쟁은 어느 곳에서도 찾아볼 수 없다.

그러던 어느 날, 성민과 창희는 미군의 상대가 창희 엄마인 것을 목도하고 경악을 금치 못한다. 게다가 창희 엄마를 자전거로 태워 온 사람이 바로 자신의 아버지인 것을 알아챈 성민은, 부끄러워 도망을 치며 다시는 아버지의 자전거를 타지 않을 것을 맹세한다.

창희는 미군의 라이터로 창고에 불을 지르고 그날로 동

네에서 자취를 감추었다. 성민 아버지가 그동안 미군부대에서 **빼돌린** 물건들이 발각되고 성민 아버지의 얼굴에는 도둑놈의 표시로 붉은 페인트가 끼얹어진다. 양심을 팔아먹은 죄과로 붉은 페인트는 주홍글씨로 남아 성민 아버지의 얼굴에서 좀처럼 지워지지 않는다.

미군부대에서 내던져진 밧줄로 꽁꽁 묶인 시체를 마을 사람들은 창희의 주검이라고 단정 짓는다. 그러나 성민은 창희의 무덤에 매일 오르내리면서도 어디엔가 창희가 꼭 살아있을 거라고 확신한다.

헐벗고 굶주린 전쟁 통에서도 아름답고 청순하게 꽃피운 사춘기 소년의 우정이, 오래오래 가슴 속에 등불처럼 켜져 삭막한 오늘을 비추고 있다.

천사가 선택한 남루한 인간의 삶

하늘이 끝 간 데 없이 높아지고 삽상한 바람이 옷깃을 여미게 한다. 마음이 한결 다소곳이 가라앉았다. 그런데 왜 코끝이 찡해지고 자꾸 가슴 한구석이 허전해지는 것일까? 어김없이 이 가을에도 '나는 누구인가?'라는 존재의 물음을 끝없이 되풀이하고 있다.

영화 〈베를린 천사의 시(詩)〉는 실생활에 뿌리내리지 못하는 나의 어정쩡한 습성에 일침을 가했다.

물기어린 눈망울의 한 천사의 방백(傍白)으로부터 영화 장면은 시작된다.

아이가 아이였을 때
팔을 휘저으며 다녔다
시냇물은 하천이 되고 하천은 강이 되고
강은 바다가 된다고 생각했다.

아이가 아이였을 때
자신이 아이라는 걸 모르고
완벽한 인생을 살고 있다고 생각했다.

아이가 아이였을 때
세상에 대한 주관도 습관도 없었다
책상다리를 하기도 하고 뛰어다니기도 하고
머리가 엉망이었고
사진 찍을 때도 억지 표정을 짓지 않았다.

전쟁이 터지기 전의 베를린 시가지와 포츠담 회담. 사람과 사람 사이를 가르고 가로막는 지뢰와 레이저 총, 문패를 무기처럼 붙이고 다니는 정치가, 암호를 통해야만 출입할 수 있는 기관 등을 꼼꼼하게 기록하는 이성(理性)의 몫을 맡은 천사가 있다. 그 곁에서 감성(感性)을 다루는 주인공 천사는 잔걱정이 많다.

깊은 밤, 지하철 의자에 피곤한 몸을 기대고 잠든 소시민들, 몸이 아파도 병원에 갈 수 없는 가난한 환자, 쥐꼬리만 한 연금으로 살며 태산 같은 빚을 갚아야 할 노인, 하루 종일 등이 휘도록 노동에 시달리고 귀가해서는 쌓인 집안일을 도맡아야 할 주부 가장.

감성천사는 그들을 바라보며 인간의 삶이란 무엇일까

를 끊임없이 탐색한다. 천사의 눈에 비친 세상은 모두, 마치 조감도를 내려다보듯 인간 실상과는 동떨어진 모습이다.

10년간 몸담았던 서커스에서 단 한 명의 관객조차 없이 마지막 그네를 타는 공중곡예사 '마리온'의 독백을 들으며 감성천사는 눈 녹듯 마음의 변화가 인다.

"먹고살기 위해 고생해야 한다면 산다는 건, 한번으로 족해. 의식 있게 사는 걸 좋아했는데, 괴로움은 잊을 수 있는데 알았던 사람들은 못 잊어, 잊지 못할 거야, 최후까지 갈 수 없는 아름다운 꿈, 이제 겨우 거리에 나와 내가 누군가를 알 수 있었는데…… 언제나 깨어있어 슬픔 따윈 생각지 말아야지, 누군가 날 사랑해주길 애타게 원해, 낯선 곳에 왔는데, 누군가 나를 사랑해주면 내 앞에 세상이 열리고 기쁨으로 내 맘을 채울 텐데…… 내가 사랑에 실패하는 건, 내게 즐거움이 없어서야, 사랑의 파도 같은 노스텔지어, 사랑하고 싶어……"

아무렴, 그렇고말고, 그대가 내 이름을 불러주기 전에는 나는 꽃이 아니었지.

마리온의 독백은 아코디언의 슬픈 음을 먹고 저리도록 광장으로 울려 퍼진다. 그녀에게 주체할 수 없는 연민을 품은 천사는 마리온의 어깨를 토닥여주며 아직 살아 있으니 마음만 먹으면 무엇이든 할 수 있을 거라고 힘을 북돋

워 준다.

영화가 종합예술이기는 하나, 정치한 화면과 음악이 이 영화처럼 미세하게 감지된 적은 드물었다. 공중곡예사가 그네 타는 동선을 허공에 리드미컬하게 뿌려놓아, 처절하게 몸부림치는 곡예사의 비장함이 아름다움으로 승화되었다.

가슴이 옥죄이는 장면 곳곳에 숨을 틔우는 장면이 적절하게 배치되어 인간미를 돋보이게 한다. 노상카페에서 콜롬보 형사를 대면하게 한다. 놀랍게도 콜롬보 형사는 천사를 아는 눈치다. 콜롬보 자신도 30년 전, 하늘로부터 인간의 세상에 발을 내디뎠기 때문이다.

이성천사와 감성천사는 계속해서 논쟁을 벌인다. 인간으로 태어나고 싶어 하는 감성천사에게 이성천사는 보고, 모으고, 증언하고 지키는 것만이 천사의 의무라고 견제의 끈을 늦추지 않으나 이미 감성천사의 가슴은 인간의 정으로 온기가 흐른다.

"내 안의 저물어 가는 기분, 죽음에 대한 두려움, 가여운 마음, 아름다운 마음, 이런 것들이 소중하다. 거울 속의 자신을 바라보는 일은 생각하는 일이다. 난 행복하다. 내 삶이 있고 이어가야 할 또 다른 이야기가 있으니까……"

마리온의 독백을 들으며 천사는 마음을 굳힌다. 집 밖

에 나와 태양을 쬐는 기쁨, 사람들끼리 눈으로 주고받는 위안, 그 안온함이 이미 천사의 마음속에 깊이깊이 파고들었음에야.

아이가 아이였을 때
질문의 연속이었다.
왜 나는 나고, 네가 아닐까?
왜 난 여기 있고, 저기엔 없는가?
시간은 언제 시작됐고 우주의 끝은 어디일까?
이 세상에 사는 것은 꿈이 아닐까?
보고 듣고 만지는 모든 것이 단지 환상이 아닐까?
내가, 내가 되기 전에는 대체 무엇이었나?
언젠가는 나란 존재는 더 이상 내가 아닐까?

영원한 시간 속을 떠돌아다니는 자신의 소중함을 제 무게로 느끼고 싶어 감성천사는 기어이 하늘에서 뛰어내리고 만다.

몸이 아픈 육체의 고통도 느끼고 싶고, 손때가 묻도록 신문을 읽고 싶고, 걸을 때 뼈가 움직이는 것도 체험하고 싶은, 아! 생에 대한 간절한 애착. 그렇다! 사람이 산다는 것은 이렇게 시린 몸 비벼가면서 다른 사람과 온기를 나누는 일일 것이다.

"손을 비비는 일은 아주 좋은 촉감이야!"

인간이 된 천사의 첫 소감이 흐트러진 내 정신을 낚아
챘다.

찰리의 선택

프랑스 영화를 끝까지 감상하려면 인내심이 필요하다. 햇살이 따사롭게 내리쬐는 봄날, 늦은 점심 식사 후의 나른함처럼 전반부부터 시종일관 회색 톤으로 높낮이 없이 진행되는 영화를 보노라면, 자신도 모르는 새 깜빡깜빡 몰려오는 졸음을 쫓느라 안간힘을 쓰기도 한다.

대학, 1년쯤이었던가, 경복궁 앞에 있는 프랑스 문화관에서 〈로망스(금지된 장난)〉를 보고 무척이나 어이없어 했던 기억이 있다. 밑도 끝도 없이 시작해서 뚜렷한 줄거리도 없이 지루한 장면의 연속 끝에 어느덧 끝나버리는 마지막 장면을 아쉬워하며 영화관을 나온 기억이 지금껏 생생하다.

그러나 무게 있는 주제를 살리는데 프랑스 영화만큼 확실한 것이 없다. 열정과 자유, 희망을 완벽하게 구현시킨 프랑스 영화 〈Red〉〈White〉〈Blue〉가 있었다.

1995년에 방영된 프랑스와 트뤼포 감독의 〈피아니스트를 쏴라(Tirez Surle Pianiste)〉는 한 피아니스트의 가슴 아픈 과거를 잔잔하면서도 코믹하게 풀어낸 영화이다.

허름한 맥주바에서 피아노 연주를 하는 찰리는 대인 관계가 별로 좋지 않다. 술주정뱅이와 연주자, 여급들에 둘러싸여 관심을 받지만 좀처럼 자신의 속내를 드러내는 일은 드물다. 영화는 특이하게도 지킬박사와 하이드처럼 행동하는 찰리와 제어하려는 찰리로 이분되어 진행된다. 찰리에게 관심을 보이고 찰리 자신도 매력을 느낀 여급에게도 행동하려는 자아와 거부하는 자아가 팽팽하게 줄다리기를 계속한다.

장물을 운반하려다가 범인들로부터 추적을 당하는 형, 치모가 맥주홀로 찾아오며 조용하게 살던 찰리는 소용돌이에 휩싸이게 된다. 수천 명을 수용하는 콘서트홀에서 연주하던 유명한 피아니스트 동생이 허름한 음악바에서 술주정뱅이의 노리개로 전락한 것을 보고 형은 격분한다. 쫓고 쫓기는 상황에서 평소에 눈길을 보내던 여급과 동행을 해 그녀의 집으로 간다.

현관문을 들어선 찰리는 놀라고 만다. 그녀의 집 거실에는 왕년에 자신이 피아니스트로 활약하던 시절의 연주회 모습을 담은 사진이 벽면을 전부 차지하고 있는 것이 아닌가.

찰리의 본명은 '에드워드 샤로얀'이었다. 지적이고 상냥한 여급과 하룻밤을 보내며 찰리는 잠자리에서조차 죽은 부인을 떠올린다. 피아노 레슨교실에서 만나 결혼을 한 부인은 음식점에서 궂은일을 하며 찰리를 출세시킨다.

찰리는 승승장구 유명한 피아니스트가 되고 언론과 TV에서 주목받는 예술가가 된다. 그러나 바깥에서의 유명세와 달리 부인과의 관계는 소원해지고 만다. 자신의 바쁜 연주 일정 때문이라고 생각하면서도 찰리는 언론의 반응과 지휘자와 청중에 신경을 쓰느라 부인을 헤아리지 못한다.

가랑잎처럼 사위어가던 부인은 어느 날, 도저히 더는 참을 수 없다며 충격적인 고백을 해온다. 오래전 찰리의 오디션을 거부하던 매니저가 찰리를 받아들인 것은 부인과의 불륜의 거래가 있었기 때문이었다. 찰리의 유명세와는 달리 부인은 자신의 몸이 불결하다고 잠자리도 계속 거부해왔던 것이다.

부인의 처절한 고백을 듣고도 찰리는 또 망설이고 만다. 내부의 진정으론 부인 앞에 무릎 꿇고 용서를 빌고 싶으나, 찰리는 자존심 때문에 방문을 박차고 나간다. 거리로 뛰쳐나갔다 되돌아오지만 이미 부인은 베란다 문을 열고 까마득한 아스팔트 바닥으로 몸을 던진 후였다.

'소심함도 병이다. 극복해야 한다.'고 찰리의 매니저는 말한다. 그러나 '소심함은 진실과 가깝다.'고 찰리의 다른 목소리는 대항한다.

우리는 살아가면서 표현해야 할 말을 무심히 지나칠 때가 많다. 서양 심리학에서는 사랑한다, 좋아한다, 맛있다, 즐겁다, 외롭다, 괴롭다, 슬프다 등 감정을 그때그때 표현하라고 한다.

찰리는 단도직입적으로 표현하는 서양에서 살았고 감수성 예민한 예술가였지만 정작 용서를 필요로 할 때, 표현하지 않았기 때문에 그토록 사랑했던 헌신적인 부인을 투신하게 만들었던 것이다.

여급과의 사랑에도 찰리는 표현하는데 서툴렀다. 손을 잡을까 말까, 팔을 끼면 상대가 어떻게 나올까······. 찰리의 인생은 망설임의 연속이었다.

찰리의 소심한 성격을 카메라는 디테일하게 따라갔다. 마치 감정의 순간순간을 모자이크로 처리하듯 찰리의 감정 상태를 사물에 이입시킨 연출은 관객들로 하여금 시선을 오래 머무르게 만든다. 그리고 깊이 생각에 잠기게도 한다.

상영시간 87분간 내내 이토록 자아를 아프게 건드리는 영화는 드물었다. 무채색의 화면 속에서 주인공 배우 샤를로 아즈나브르의 우울이 빠져나와 내게로 전이되어 나는 내내 무겁고 우울했다.

눈밭에 총을 맞고 쓰러져 있는 여급의 얼굴에서 눈가루를 쓸어내리는 찰리의 일거수일투족이 통증을 유발했다. 그리고 찰리는 아무 일도 없었던 듯 다시 일상으로 되돌아가 허름한 바에서 피아노를 두드리고 있다. 조르쥬 들르뤼(Georges Delerue, 1925년~1992년)가 작곡한 건조한 피아노곡이 시작처럼 다시 무심하게 울려 퍼지고 있다.

죽음의 향연

강도 6.8의 엄청난 지진이 중국을 강타했다. 지구상의 온 인류가 불안감에 허둥거리고 있다.

역사를 더듬어 보면 권력다툼도 자연현상만큼이나 부침이 심했던 것 같다. 전제군주국의 왕권찬탈은 손바닥을 뒤집듯, 부지불식간에 일어나는 일이었다.

영화 〈야연(夜宴)〉은 907년 당(唐)이 쇠락하고 5대 10국 시대로 분열될 때의 이야기이다.

어느 시대이건 아비가 아들의 연인을 취하거나 또 형제 간의 다툼으로 부인을 가로채는 야사는 많고도 많다. 그러나 그 피비린내 나는 암투의 과정을 이만큼 깔끔하게 처리한 영화는 드물지 싶다.

감독 평사오강은 욕망의 불꽃을 붉은 비단으로 설정해서 시종일관 주제의 흐름을 또렷하게 유지했다. 또 주인공 황후 '완아'의 욕조에 뿌려진 자주 장미꽃잎이 들끓는 욕망의 상징으로 쓰였다면 짙푸른 대숲에 직선으로 꽂히는 숱한 단검, 수정 같은 물방울의 시리게 푸른색의 조화는 명징한 이성을 드러내고자 한 의도였을 것이다.

500여 명의 전문 스태프진과 거금 200억 원을 투자해 공들인 결과, 종래의 진부한 중국영화와는 판이한 장면들을 표출했다. 잔인하기 그지없는 권력의 암투를 군더더기 없이 그려냈다. 칼놀림, 춤사위, 하다못해 인물들의 사소한 시선 처리 하나에도 극도의 예술성을 추구한 동물적 감각이 설익은 눈에도 포착된다. 실핏줄처럼 이어지는 장면 장면의 섬세한 동선이 참으로 아름답다.

마치 암공작의 날갯짓 인 듯, 우아하게 걷는 황후의 뒷모습을 롱런으로 잡아 영화는 시작된다. 붉은 대례복을 차랑차랑 끌며 화면 안으로 들어가는 황후의 뒷모습이 그녀 앞에 펼쳐질 영욕을 예감케 한다. 장쯔이의 진면목이 백분 드러난 영화이다.

두 주인공 '완아'(장쯔이)와 황태자 '우 루안'(다니엘 우)은 선제왕의 검술 제자였다. 사라졌던 '우 루안'이 연인 '완아' 앞에 나타나 벌이는 '월녀검' 대결이 황홀하게 펼쳐진다.

절도 있게 휘돌아 공중을 가르며 겨루는 무술은 검무의 최고 경지를 보여준다. 자웅 한 쌍의 나비가 공중에서 교접하듯, 비단결로 누비는 사랑의 몸짓이 너무나 아름다워

온몸에 전율이 인다.

중국영화치고는 의상도 특이하다. 번쩍이는 금박 대신, 신하들은 물론 황상과 황후의 의상도 무명천으로 지어 담백함을 드러낸 것이다. 탐욕이 생기기 전, 생래적 순수를 드러내려 한 것이었을까?

형을 독살해 왕권을 찬탈하고 형수도 차지한 '리'는 죽은 줄만 알았던 조카'우 루안'을 맞닥뜨리고 넋을 놓고 내뿜는 대사가 뇌리를 친다.

"네 순수함이 수만 개의 계략보다 훨씬 더 강한 것이냐?"

죄의식에 사로잡혔던 '리'는 경이로운 시선으로 절절하게 묻고 있다.

영화 전편에 걸쳐 흐르는 애달픈 사랑 노래 역시 이 영화의 영상미를 한층 더 돋우고 있다.

'이 얼마나 축복받은 밤인가
이 얼마나 상서로운 날인가
왕자님 곁에서 꿈을 꾸네
수줍어 쳐다보지도 못하고'

'완아'의 마음을 얻고자 갖은 방편을 다 써보는 황상'리'도 결국, 고독이 갈피갈피 서려 있는 한낱 범부에 지나지 않았다. '우 루안'을 향해 일편단심인 '완아'의 맘을 돌리려 황상은 야연(夜宴)의 자리를 마련한다. 자정에 열리는 황실 연회에 참석하지 않는 자는 참수형에 처한다고 엄포를 놓아 온 신하들을 끌어모은다.

'완아'는 술잔에 독을 타서 황상에게 권했으나 그 잔을 다른 여인이 마셔 음모가 밝혀진다. 사고가 터진 다음에야 황상은 '완아'의 속마음을 알아차리고, 남은 독배를 의연하게 마신다. '인간이 서로를 이해한다면 고독한 일은 없었으리.' 독백을 남기며 '완아'의 품에서 운명을 다한다. 진정한 사랑은 이런 것 이런가, 악당임에도 동정심을 유발한다.

적수를 연달아 죽이고 '완아' 혼자 남아, 여황상에 오르나 결국 '완아'조차도 검을 맞고 쓰러진다.

"한 방울 눈물 떨어질 때
모든 증오는 희미해지고
마침내 사랑하게 됐으나
이미 당신은 가고 없네……"

'완아'의 처량한 노랫소리만 귓전을 맴돌아 긴 여운을 남기고 죽음의 향연은 끝이 났다.

정(情)의 심장부, 중앙역

올 추석에도 어김없이 민족의 거대한 이동은 이루어졌다. 혈육을 향한 맹목에 가까운 한민족의 대이동을 외국인들은 도저히 이해할 수 없는 불가사의한 일로 간주한다고 한다. 그럴 수밖에 없는 일이다. 합리와 객관적 사고에 길들여진 그들로서는 죽었다 깨어나도 헤아릴 수 없는 일인 것이다. 부모와 형제, 핏줄을 향한 귀향객의 얼굴에는 피로의 기색은 온데간데없고 오로지 만남의 즐거움과 기대로 얼굴은 벌써 보름달처럼 환하게 피어오른다.

한반도에 촘촘하게 깔린 철도를 보면 영락없이 인체의 활기찬 피를 수혈시키는 동맥을 떠올리곤 한다. 한가위나 설 명절에 몇 날 며칠이 걸려서라도 어렵사리 고향으로 향하는 대열의 장엄함을 느낄 때는 더욱더 그런 생각이 들곤 한다. 철도는 객지에서의 고단함과 서글픔을 풀어내줄, 혈육을 향한 동맥의 다름 아닌 뜨거운 정(情)의 줄기이다.

1999년, 아카데미 최우수 여우주연상과 골든 글로브 외국어 영화상을 수상한 〈중앙역〉(Central Station 월터 살레스 감독)은 브라질의 리오 데자네이로에 있는 기차역이다.

중앙역 역시 여느 역이나 마찬가지로 무수한 만남과 이별이 교차하는 곳이다. 웃고 우는 사람들로 복닥거리며 정이 질펀하게 흐르고 있다.

그 어수선한 역 한 귀퉁이에서 편지 대필을 해주는 도라는 먹물 꽤나 들었다고 얼굴에 거드름이 줄줄 흐른다. 그 앞에서 1달러를 내고 숱한 사연을 구술하는 의뢰자들은 한결같이 병들고 찌들은 얼굴들이다.

늙은 퇴기처럼 신산스러운 얼굴을 지닌 도라는 명색이 교사 출신인데도 대필해 준 편지를 한 통도 부치지 않고 돈만 떼어먹고 있었다. 그런 줄도 모르고 그 앞에서 안타까운 사연들을 줄줄이 풀어내는 사람들을 보며 도라의 얼굴은 늙은 나무토막처럼 무표정하다. 그토록 무심하던 얼굴인데 가여운 소년 조수에를 만나며 연민의 정으로 풀어지고 만다. 그 애잔하게 풀어지는 표정 연기로 아마도 최우수 여우주연상을 받지 않았나 싶다.

조수에 엄마는 브라질의 오지에 있는 남편에게 아들이 보고 싶어 한다는 간절한 내용을 보내고자 한다. 그러나 그 간곡한 편지를 부탁하고 돌아가다 역 앞 대로에서 교통사고를 당해 아들 대신 죽고 만다. 엄마 손을 잡고 건널목을 건너던 조수에가 아빠가 깎아준 팽이를 떨어뜨리고 주우려 할 때, 마침 집채 만 한 트럭이 덮쳐왔다. 아들이 치일 위기에서 엄마는 아들의 몸을 밀쳐내고 자신의 몸을 바퀴 밑으로 밀어 넣었던 것이다.

오갈 데 없는 조수에는 역 한 구석에 잠자리를 마련하고 그곳에서 노숙생활을 시작한다. 대필하는 간간이, 도라는 천애의 고아가 된 조수에를 호시탐탐 훔쳐본다. 자식을 낳아보지 못한 독신녀 도라는 흡혈귀처럼 불쌍한 사람의 등을 쳐서 먹고살면서도 양심의 가책을 받기는커녕 조수에를 돈을 많이 받고 팔아먹을 생각으로 꽉 차 있다. 그래도 일말의 양심은 살아있던 것일까, 어린아이들을 팔아넘긴 고아원에서 장기 판매가 이뤄진다는 것을 눈치챈 도라는 위험을 무릅쓰고 몰래 잠입해서 자고 있는 조수에를 구해낸다. 천진무구한 어린아이의 눈에, 부도덕한 도라의 행적이 곱게 비칠리 만무하였다. 그렇지만 하늘 아래 유일한 살붙이던 엄마마저 세상을 뜬 이 마당에 조수에는 다른 선택의 여지가 없었다.

조수에의 아빠를 찾아주기로 마음을 먹은 도라는 조수에를 데리고 긴 여행길에 오른다. 어린 조수에와 옥신각신 승강이를 벌이며 도라는 부정을 받지 못하고 자라 온 자신의 과거를 간간이 떠올린다.

"아줌마 남편은 어디 있어요?" 몹시 궁금해하는 조수에의 물음에 도라는 작두질을 하듯 냉담하게 답변한다.

"세상에는 해서 안 될 일이 있는 거야, 남편, 자식, 강아지, 나는 아무것도 안 키워!"

혈육의 정을 그저 질척거리는 장애물로만 간주하는 도라의 가슴 속은 돌덩어리처럼 싸늘하고 단단하다.

장거리를 운행하는 버스에 몸을 실은 두 사람은 초췌한 승객들을 살펴보며 자신들도 모르는 새에 마음의 벽이 조금씩 허물어지고 있다. 상처받은 두 영혼이 만나 서로의 상처를 핥아주고 있다. 두 사람의 마음처럼 창밖으로는 아름다운 풍경이 펼쳐진다. 이제 조수에는 단단히 무장했던 몸과 마음을 풀어 도라의 어깨에 기대서 곤한 잠에 빠지기도 한다. 그 측은한 얼굴을 내려다보며 도라 또한 어쩔 수 없이 모정을 느끼기도 한다. 우리가 길가는 어린 아이의 머리를 괜스레 한번 쓸어보고 싶듯이 천진무구한 동심 앞에서는 천하장사라도 무너지고 마는 것이 인지상정 아니던가.

버스를 놓친 도라와 조수에는 길에 서서 차를 얻어 타려고 이리 뛰고 저리 뛰며 무한히 애를 쓴다. 무심하게도 여러 차들이 그냥 스쳐 지나간 후에 대형 트럭 한 대가 그들의 곁에 와서 멈춘다. 만면에 웃음을 머금고 다가오는 트럭 기사의 얼굴은 조수에가 보고 싶어 하는 아빠의 얼굴처럼 인자스럽기 그지없다. 이들이 무일푼인 것을 눈치 챈 기사는 선뜻 맛있는 요리를 사준다. 도라는 버스를 놓친 것은 행운이라고 호들갑을 떨고, 아버지가 그리운 조수에는 "아저씨는 부인이 있어요?" 궁금증을 드러낸다.

"길이 내 마누라다. 난 가족이 없거든……" 쓸쓸하게 내뱉는 기사의 목소리가 늦가을 바람처럼 선득거린다.

이제 사람 사이에 흐르는 끈끈한 정을 어렴풋이나마 감지한 도라는 인심 좋은 독신 트럭 기사에게 마음을 빼앗긴다. 비로소 여성으로 돌아온 도라는 화장실에서 립스틱을 얻어 바르고 자리로 돌아오나 이미 트럭 기사는 자리를 뜨고 없다. 도라는 비로소 트럭 기사가 무심결에 내뱉은 "거리에서 만난 사람은 거리에서 헤어지고 말아요."라는 말을 떠올리며 슬픔에 잠긴다. 그 무표정하고 인정머리라곤 털끝만치도 없는 얼굴에서 이런 아련한 통증을 감지할 줄이야…….

수중에 돈 한 푼 없이 오고 갈 데가 없는 두 사람은 망연자실 거리에서 방황하고 있다. 이때, 어린 조수에가 기지를 발휘한다. 도라에게 대필을 다시 하자고 제의한다. 조수에는 손님을 물어오고 도라는 눈코 뜰 새 없이 대필을 하느라 바쁘다. 옆에 수북이 쌓여가는 돈을 보며 두 사람은 비로소 완전하게 한마음이 된 것 같다.

차비를 다시 모은 두 사람은 조수에의 아빠 주소를 들고 길을 떠난다. 그러나 우여곡절 끝에 당도한 주소의 집에는 엉뚱한 사람이 살고 있고 전 주인은 어디로 이사 갔는지 행방조차 묘연하다. 돈만 생기면 술을 먹는다는 아빠의 품행을 전해 들은 조수에는 머릿속이 하얗게 바래지며 낙담하여 고개를 떨어뜨린다. 폭풍우에 이리저리 마구 나부끼는 빨래처럼 어린 아들의 마음은 갈가리 찢어지고 만다. 여태껏 힘이 펄펄 솟던 조수에는 실망으로 울먹거린다.

"이런 거지꼴로는 더 이상 아빠를 찾을 수 없어요."

"중요한 건 외모가 아니라 진심이란다."

도라는 비로소 전직 교사다운 마음으로 되돌아와 조수에를 타이른다. 진심으로 조수에를 가여워하는 모습은 이전과는 달리 성자처럼 숭고하다.

어디로 발길을 돌려야 할지 망설이고 있는 두 사람 앞에 구세주처럼 이복형이 찾아온다. 낯선 형 역시 손재주 있는 목수이다. 매끄럽게 깎은 팽이를 전해주며 형제지간의 따뜻한 정도 함께 흐른다. 아이로니컬하게도 팽이로 인해 엄마를 결별하고 또한 팽이로 인해 혈육을 찾고 있다.

형들이 사는 집에 부쳐져 온 편지를 통해 아빠가 처음부터 지금 까지 자신과 엄마를 찾고자 온갖 고생을 마다

하지 않았다는 것을 조수에는 깨닫는다. 그리고 행복감에 젖어 잠이 든다. 곤히 잠든 조수에의 얼굴을 어루만져보며 도라는 다소나마 자신의 빚을 청산한 듯, 편지 한통을 남기고 홀로 길을 떠난다. "나는 그동안 못 부칠 편지만 계속 써 왔다. 하지만 이 편지만은 꼭 부치고 싶다. 그리운 것들이 너무 많다. 우리 아빠도 좋은 점이 많았더구나……. 네 아빠도 꼭 돌아올 거야!"

도라는 이제 다시 자신의 일터인 중앙역으로 되돌아가겠지만, 양심을 파는 일은 더 이상 반복되지 않을 것이다.

장작불처럼 활활 타오른 예술혼

흔히들 영화를 종합예술이라고 말한다. 그런데 근간에 관객몰이에 나서 대박을 터뜨렸다는 영화라는 것이 '종합예술'이라는 단어를 무색케 하고 있다. 꺼벙한 남자와 엽기적인 여자를 동시에 등장시켜 강제로 웃음만 남발시키든가 아니면 조폭들의 세계를 코믹하게 다룬 단순 오락물이 주종을 이루고 있다. 아무 생각 없이 낄낄대다 영화관을 빠져나오는 동시에 까맣게 잊어버리는 것이 요즘 영화의 세태인 것 같다.

말초적인 자극을 이용해 관객을 끌어들이려는 속셈이라면 이건 정말 턱도 없는 오산이다.

내가 어렸을 적에 관람한 영화의 장면들은 수십 년이 지난 지금껏 생생하게 머릿속에 찍혀 있다. 감수성이 예민한 시기에 보았기 때문에 특별하게 기억하고 있다고는 생각지 않는다.

김승호가 출연한 〈마부〉의 일몰, 포도밭에서의 남녀 교합을 에로틱하게 잘 표현한 〈뽕〉〈희랍인 조르바〉의 자유분방한 댄스, 젤소미나의 뼈에 사무치는 고독을 잘 보여주는 '길'의 장면 등 일일이 열거할 수도 없이 많은 명장면들이 기억의 창고에서 튀어나와 나의 길동무가 되었다.

우리가 영화를 선택하는 데는 여러 가지 기준이 있다. 단순히 오락적인 차원에서, 가벼운 기분전환으로, 때로는 직접 만날 수 없는 인물이나 사건을 영화를 통해 진귀한 경험을 하고자 영화관을 찾기도 한다. 스토리를 강조하는 영화가 있는가 하면 장면이 빼어나 영화가 끝난 후에도 자리를 뜰 수 없는 영화도 있다. 〈서편제〉처럼 굽이굽이 펼쳐진 보성 차밭을 배경으로 남도의 애끓는 창을 재현시키는 수작도 드물게는 있다.

국내 젊은 층의 영화광들에게는 별로 인기가 없었으나 프랑스 칸영화제에서 감독상을 거머쥔 취화선을 감상하였다.

조선시대의 대표적인 화가로 단원 김홍도, 혜원 신윤복, 겸재 정선, 오원 장승업 등을 꼽는다. 취화선은 오원 장승업의 일대기를 그린 영화다. 새를 주로 그리는 제부가 취화선 촬영팀에 참여하였다. 이 영화를 찍느라고 일 년 넘게 고생을 했다는 얘기를 들어서 더욱 관심을 가지고 화필을 좇아 보게 되었다.

장승업은 천민 출신의 고아로 떠돌다 필방을 드나들던 한 선비에게 그의 재능이 눈에 띄어 도움을 받게 된다. 당대에 이름난 화사 밑에서 그림을 배우면서도 타고난 괴벽으로 외곬의 삶을 살아간다. 머슴으로 들어간 역관 집 막내딸 소은이 구원의 여성상으로, 번개처럼 오원의 머릿속에 꽂히게 된다. 붉게 타는 맨드라미, 돌확에 떠 있는 청초한 수련, 파초 잎에 꽂히는 소낙비, 소담한 능소화, 술패랭이의 떨림이 화면을 가득 채우며 오원은 담 너머로 흠모의 정을 키운다. 장승업의 열정적이고도 청순한 사랑을 투사시키는 장면은 보는 이로 하여금 정신을 말갛게 헹궈 주는 효과를 낸다.

소나기가 퍼붓고 지나간 자리, 거미줄에 맺혀 이슬처럼 빛나는 물방울은 전 영화를 통해 추구하고자 하는 장승업의 천진무구한 예술혼을 여실히 보여주고 있다.

장승업이 왕성하게 활동하던 무대는 17세기 말 조선의 개화기이다. 대원군의 천주교 박해로 프랑스 선교사와 천주쟁이 8천여 명이 참수를 당했다. 참수당한 목들이 나무 기둥마다 대롱대롱 매달려 있는 형상은, 그 시대를 적나라하게 보여주는 퍼포먼스로 보는 사람의 등골을 오싹하게 만들고 있다.

주변에서 돈이 되는 일이라며 중국화의 모필과 춘화를

그리기를 권하지만 장승업의 꼿꼿한 예술혼은 흔들리지 않는다. 제법 실력을 쌓았다고 생각할 무렵, 도연명의 귀거래사를 그린 그림에 대해 스승으로부터 추상같은 불호령을 듣고 좌절하게 된다. 참담한 심정으로 찾아간 옛 스승은 '형체를 보지 말고 뜻을 그려라'고 붓보다 먼저 뜻을 세워야 한다는 가르침을 준다.

첫정을 품은 역관의 딸이 병들어 죽어가며 유언처럼 그림을 하나 얻고자 하자 승업은 혼신의 힘을 다하여, 물가에 외롭게 앉아 있는 목이 긴 학 한 마리를 그려준다. 소은이 이승을 뜨는 애절한 장면에서 새 한 마리가 물을 차고 창공을 향해 솟아오른다. 땅과 하늘을 가르는 강줄기가 굽이굽이 흐르며 달빛에 섬뜩하게 드러나는 물빛은 삶과 죽음을 가르고 이별가는 애간장을 끊으며 곡을 하고 있다. 불붙는 단풍, 타는 노을이 생생하게 이승과 저승을 구별 짓고 갈대숲을 박차고 영원한 여인 소은은 저승으로 사라져간다.

명문 출신 화사들은 자신들의 재주가 장승업의 발뒤꿈치에도 못 미치자 기회 있을 때마다 비방을 해댄다. 오원은 '1획이 만 획이고 만 획이 1획인데 내 1획을 두고 어찌 따로 법을 말하리오'라는 명구를 내뱉고 화방 문을 박차고 나선다. 그는 자신의 처지와 같은 어린 제자를 고향으로 돌려보낸다. 초록 벌판 사이로 선명하게 가로지른 갈

림길에서 장승업은 제자의 큰절을 받고 헤어진다.

나는 왜 그 장면에서 로버트 프로스트의 「가지 않은 길」이라는 시가 떠올랐을까? 인생 여정에서 어느 쪽을 택하든 나머지 길에 대한 미련과 아쉬움이 남게 마련인가. 영화의 화면은 자연스럽게 우리가 걸어온 길에 대해 반추하게끔 했다.

세월이 흘러 장승업의 얼굴에 주름살이 잡혀가며 붓에도 힘이 오른다. 한때 살 맞대고 살았던 패악한 여편네와 헤어지면서 그려준, 아름드리 매화나무는 장승업이 신기에 들려 그린 그림으로 두고두고 회자된다. 지리산 줄기 산청 단속사 터에도 그와 흡사한 빼어난 매화목이 있다. 5년 전쯤 나는 그걸 보고 오다가 낭떠러지에 굴러떨어져 죽을 뻔한 적이 있다.

말은 타고 달려 보고, 사람은 겪어 보아야 진가를 안다는 옛 성현의 말씀을 그곳에서 실감하게 된 계기였다. 신기(神氣)가 통해야 나라가 바로 잡힌다던 스승의 말대로 이때의 장승업의 화필에는 신기가 통하지 않았을까 하고 짐작해 본다.

살 맞대고 살았던 부인과는 달리 생황을 잘 불던 매향과는 세월이 많이 흐른 뒤 우연히 조우하게 된다. 승업에게 품은 첫정을 안고 그를 평생 그리워하며 한 땀 한 땀 누볐다는 바지저고리를 선물하자 고작 하룻밤을 묵고 바람처럼 사라져버린다. 빈방에는 얌전히 개켜놓은 누비옷 옆에 단아한 모습의 매화 한 가지가 고고하게 놓여 있었다. 첫 만남에서 '매화는 향을 팔지 않는다'고 했던 매향의 진심을 간파했던 것일까, 화폭에서 은은한 청매향이 스칠 듯 말 듯 풍겨온다.

매의 매서운 눈매와 부리에서, 도도한 수탉의 볏에서 치열했던 오원의 예술혼이 물씬물씬 풍겨오고 있다. 임권택 감독은 바람에 일렁이는 대숲과 도도한 강줄기와 처마의 푸르디푸른 고드름을 통해 '꼴려야 그림을 그린다'고 하던 장승업의 치열한 삶을 그대로 재현시키고 있었다. 하늘을 까맣게 뒤덮은 되새 떼의 암울함은 그림의 절정에 이르지 못해 몸부림치는 장승업의 내면의 갈등을 잘 표출하고 있다.

환쟁이에게 있어 반복은 죽음과 다르지 않다며 한 획도 낭비하지 않았던 오원은 귀를 자르며 몸부림쳤던 고흐보다도 더 처절한 삶을 살아내지 않았을까. 술을 마시지 않고는 그림을 그릴 수 없었던 장승업의 치열한 예술혼이 아직껏 이글이글 타는 장작 가마 불길 속에서 타오르고 있다.

일탈, 바그다드 카페

노을빛에 가슴이 얼얼하다.

누구에게나 한 번쯤 무거운 보따리를 풀어놓고 훨훨 날고 싶을 때가 있을 것이다.

우리는 찌든 일상에서 시시각각 일탈을 꿈꾸며 하루하루를 때우고 있는지도 모르겠다. 어깨를 찍어 누르던 갑옷을 벗어 던지고 걸어온 길을 망연히 바라보게 되는 시점. 바로 그곳에 바그다드 카페가 있다.

이상과 욕망이 응축되어 현실로 둔갑할 것만 같은 환상의 땅, 라스베이거스로 가는 길은 무료하고 막막하다. 그길은 우리네 삶의 여정과 참으로 흡사한 모습이다. 그 길을 가본 자만이 절절한 목마름을 느낄 수 있다.

우리네 삶이란 무엇이던가? 시한폭탄과 같이 째깍거리는 무자비한 시간의 연속이 아니었던가.

감독 퍼시 애들런은 시공을 초월한 공감각의 귀재

이다.

타는 노을을 배경으로 퍼져나가는 〈Calling You〉의 애절한 음률, Only you, 여기서의 '오직'이란 말은 다의적 시어(詩語)이다. 그 당신밖에란 말 안에는 '네가 아니라면' 또는 '꼭 네가 없어도' 등의 인간과의 관계에서 수없이 벌어지고 있는 아이러니가 숨어있다.

농염한 노을을 가르는 전깃줄과 무시로 지나가는 화물열차, 멀리 던질수록 가까이 되돌아오는 부메랑 등은 모두 치밀하게 짜 넣은 미적 공간이다. 황량한 세상사를 확대하기도 하고 때론 축소하기도 하는 효과를 내, 감독의의도가 백분 활용된 것 같다.

그 공간 속으로 한 여자가 트렁크를 끌고 들어오고있다. 비록 자발적 선택은 아니었으나 그녀는 충분히 독립적이다. 남자와의 종속적 관계에서 벗어나 비로소 한인간 본연의 모습으로 우뚝 선 독립투사인 것이다.

주인공 문츠크테트너, 먼츠테트너, 야스민은 세 가지다른 발음 못지않게 다양한 풍모의 여성이다. 허기지고소외된 인간을 품어 기를 수 있는 풍만한 대지의 화신이바로 그녀였던 것이다.

운송 트럭들이 뽀얀 먼지를 일으키며 질주하는 사막의고속도로 한가운데, 오아시스로 보기에는 너무도 빈약한바그다드 카페. 감독은 왜 물색없이 이곳에 문츠크테트너를 출현시켰을까? 속도와 쾌락을 추구하는 미국인의 적수로, 근면과 정직을 전통으로 삼는 독일인의 품성을 정면 배치했던 것일까.

카페 주인 브렌다는 남편이 가출한 날 마침 투숙한 야스민을 못마땅해한다. 그러나 나른한 일상에서 시나브로 삭아가던 브렌다는 야스민의 긍정적 행동을 지켜보며 조금씩 생기를 회복한다. 말썽꾼 아들, 딸의 자유분방함도 야스민의 손길이 닿으면 아름다운 개성으로 돌변하는 것을 보고 브렌다는 놀란다. 그리고 자신의 삶도 가랑비에 젖듯 조금씩 변화가 일어난다. 사람과의 관계가 중요함이 여실히 드러나는 대목이다.

야스민의 여성성에 영향받은 또 한 인물 콕스. 할리우드에서 무대장치를 그렸던 그는 자신 안에 내재해 있던 그림쟁이의 야성이 야스민으로 인해 살아나고 있었다. 황무지 속에서 살아남기 위해 '일출'을 그리며 안간힘을 썼는데, 이제 사그라지던 불씨를 살려 용암처럼 끼를 분출해내고 있다. 야스민의 몸을 통해 뿜어내는 인간 본연의 아름다움과 풍요는 우리가 대지로부터 물려받은 크나큰 축복이었던 것이다.

보랏빛 하늘을 가르는 전선처럼 퍼져나가는 애절한 가락, 너를 불러요, 너를 원해요. 내가 있고 네가 있을 때, 인간은 행복한 것이다. 바그다드 카페는 모름지기, 사람

사는 곳에는 혈액처럼 정이 서로 통해야 한다는 메시지를
강하게 전달하는 영화이다.

인류의 정수리, 티베트

　삼복더위에 만년설을 볼 수 있다는 것은 확실한 행운이다. 불교의 인연설에 의하면 수미산(카일라스, 곤륜산 6,714m)은 세세생생 복을 많이 지은 사람만이 볼 수 있다고 한다. 그러니 누대에 걸친 선조의 선업의 열매를 얌체처럼 내가 날름 따 먹고 있는 것만 같아 죄송스럽기 그지없다.

　아는 만큼 본다고 했던가, 장 자끄 아노 감독의 〈티베트에서의 7년〉은 이전에도 열 번 가까이 보았으나 나와는 무관한 일처럼 여겼기 때문에 스크린이 그냥 망막을 대수롭지 않게 스쳐 지나갔을 뿐이었다.

　그러나 티베트를 갓 다녀온 지금, 나의 국가관과 종교관과 우주관이 뚜렷하게 달라졌다. 하룻강아지 범 무서운 줄 모르다가 지구의 정수리를 한번 쳐다보고 나서야 비로소 개안을 했다고나 할까, 세상을 바라보는 눈이 훨씬 더 깊어졌다고나 할는지.

주인공 하인리히 하러(브래드 피트 분)는 오스트리아인이
지만 신념이 뚜렷한 나치당원이었다. 2차 세계대전이 막
발발하여 히틀러가 유럽을 집어삼키려 눈에 불을 켜고 있
을 때, 히말라야 정복도 세계제패와 같은 선상에 놓고 하
러와 피터를 투입한다.

1939년 6월 29일 독일인들이 '우리 산'이라고 부르는
낭가파르바트(6,800m)를 향해 드디어 원정대는 출발한다.
브래드 피트의 예지적 눈망울이 얼음처럼 빛나는 하러의
지성과 딱 맞아떨어지는 캐스팅이다.

하러는 만삭이 된 아내와 기차역에서 작별을 한다. 그
러나 이별하기 아쉬운 아내와는 달리 얼른 아내를 털어내
고 홀가분하게 떠나고 싶어 안달해대는 모습이 역력하다.

산사나이들은 산이 자꾸 손짓해 부르기 때문에 자신의
일상사를 미련 없이 떨쳐버리고 산으로 가지 않고는 못
배긴다고 한다. 대학 산악부대장이던 내 6촌은 50m 절벽
에 끼어 팔꿈치와 무릎으로 자벌레처럼 기어올라야 할 상
황에서 너무도 고통스러워 엉엉 소리 내서 울었다고
했다. 그 형벌을 자발적으로 찾아 나서는 산악인들은 그
들만의 예정된 운명에 의해 자연스레 그 길을 걷고 있는
것이 아니었을까.

아시아의 정점이고 세계의 지붕인, 가장 높고 가장 고립된 티베트의 낭가파르바트를 눈사태로 인하여 하러는 오르지 못한다. 가족마저 저버리고 자신의 신념과 정열을 다 바쳐 올랐던 몽매에도 잊지 못하던 정상을 바로 코앞에 두고 눈물을 머금고 하산한다. 설상가상 자신이 속해 있던 독일이 패망하자 영국군에 의해 체포되어 감옥에 갇히게 된다.

고분고분 말을 잘 들어 간수들과도 친하게 지내는 피터와 달리 하러는 외골수 성격대로 데라툰 포로수용소에서 탈출할 꿈만 꾼다. 4번째 탈옥에 실패하면서 일기장에다가 비로소 아들에 대한 애정을 드러낸다. 자신은 서른 살 생일을 맞고 아들은 이제 만 2살이 되었을 것이라고.

하러는 피터와 어렵게 마음을 맞춰 탈출에 성공하고 티베트의 고원을 헤매게 된다. 깎아지른 듯한 협곡과 풀 한 포기 없는 사막 구릉과 산 아랫마을에는 연둣빛 층층의 다랑이논이 아스라하게 펼쳐져 있다. 배고픔에 지쳐 사원에 들어가서 제상에 올린 음식을 훔쳐 먹다가 하러와 피터는 초소를 지키는 티베트 군인에게 붙잡힌다. 1946년, 이미 그때부터 엉큼한 중국은 호시탐탐 티베트를 노렸기 때문에 티베트인들은 외국인에 대해 감시를 소홀히 하지 않았다.

13대 달라이라마의 예언서에 보면, 티베트는 외국인들

의 침략에 미리 예방을 하지 않으면, 승려와 사원들은 외세의 핍박을 당하고 달라이라마까지 유랑생활을 하게 될 것이라는 구절이 있다.

14대 달라이라마 어머니의 서신을 받고 하러는 7세에 불과한 달라이라마를 알현하게 된다. 나이는 어리지만 영특하기 그지없는 어린 달라이라마는 확고한 신념으로 외국인에 대해 일갈을 해댄다.

"당신네 나라 사람들은 어떻게 해서라도 자신의 야망을 실현시키지만 우리는 그런 자아를 버리려 하는 것이 이 나라의 보편적 사고입니다!"

두 민족의 차이점을, 아니 서양인들의 뻔뻔스런 야욕을 분명하게 짚어내는 어린아이의 명철함에 하러는 간담이 서늘해져 저절로 머리를 조아린다.

1945년 5월, 아들로부터 '당신은 내 아빠가 아니에요, 더 이상 편지를 보내지 마셔요'라는 편지를 받은 하러는 절망하고, 티베트는 중국으로부터 심한 압력을 받게 된다. 그런 가운데에서도 달라이라마와 하러는 부자지간 같은 정을 느끼며 많은 대화를 주고받는다.

"산을 타면 뭐가 좋죠?"

"절대적 순수를 느끼지요. 산을 타면 마음이 맑아지고 혼란스런 생각이 잦아들고 그러다가 절대적인 소리와 빛을 느끼고 마음속에 강한 삶의 존재감이 생겨나죠. 당신으로부터도 또한 그런 감정을 받게 됩니다."

영이 맑은 달라이라마는 고향 암도가 중국군에 의해 무참하게 파괴되는 꿈을 꾼다. 잇달아 들이닥친 중국 관리는 자국을 종주국으로 인정하면, 자치권과 종교적 자유를 보장하겠노라고 으름장을 놓는다. 서슬이 퍼런 장군 앞에서 앳되고 해맑은 달라이라마는 생글생글 웃음을 잃지 않는다.

"제가 아직 어려서 국사는 잘 모릅니다. 국정에 관한 일이라면 실제적 지도자인 섭정님과 의논하시죠. 전, 미천한 승려라서 경전과 부처님 말씀밖에 모릅니다. 부처님 말씀에 죽음에 대한 공포 못잖은 힘이 삶에도 있다 했지요. 이를 생각하면 누구도 살생할 수 없는 게지요. 여러분이 명심할 건, 그것이 우리 국민의 본성이라는 것이지요. 천성이 선한 국민이라 폭력을 거부합니다. 그렇다고 나약한 국민이라는 오해는 마십시오!"

드뷔시의 월광곡을 들으며 달라이라마는 옴마니반메훔이 쓰여 있는 마니차를 간절하게 돌리며, 국가의 장래를 걱정하고 혈육으로부터 거절당한 하러도 깊은 상념에 빠져있다.

"우리 옛말에 이런 것이 있지요. 해결될 문제라면 걱정이 없고, 해결 못 할 문제라면 걱정을 말라." 오히려 어린 달라이라마가 덩치 큰 어른을 달래고 있다.

'구원은 자신 밖에 있으니 부단히 정진하고 노력해서 자신 밖의 구원을 찾도록 애쓰라'는 부처님의 경구가 들려오며 화면 위엔 다시 설산이 펼쳐지고 있다.

1951년, 오스트리아에서 청소년으로 자라난 아들과 하러는 자일에 묶여 깎아지른 듯한 빙벽을 오르고 있다.

1959년, 달라이라마는 인도로 망명하고 백만 명의 티베트인이 사망하고 6천여 곳의 사원이 파괴되었다고 한다. 1989년, 달라이라마는 비폭력 독립운동을 이끌어 자국민을 보호한 공으로 노벨평화상을 수상하였다.

지금 달라이라마가 쓰던 포탈라궁은 주인을 잃고 텅 비어 있다. 서양인이 독립을 부추기고 있다고 사원 내에서는 영어조차 삼가라는 안내인의 말에 비감을 느낄 뿐이다. 일제 강점기 36년이 주마등처럼 떠오르고, 이 엉큼한 대륙인들은 언제 또 우리에게 총부리를 겨눌지 모를 일이다. 삼복염천에도 등줄기로 냉기가 오슬오슬 훑고 지나가는 이유가 거기에 있다.

이글거리는 욕망의 덩어리

2012년의 노벨 문학상은 중국 소설가 모옌(莫言)에게로 갔다. 스웨덴 한림원은 "판타지와 리얼리티, 역사와 사회에 대한 인식을 결합해 윌리엄 포크너와 가브리엘 가르시아 마르케스 작품의 복합성을 연상케 하는 작품 세계를 창조했고 중국 전통 문학과 구비 문학의 전통에서 그 출발점을 찾아냈다"고 평가했다. '글로 표현할 뿐 말하지 않는다'라는 필명처럼 모옌은 과묵한 사람으로 알려져 있다. 그가 1987년 발표한 소설 『홍까오량 가족』은 이듬해 장이머우 감독에 의해 영화 〈붉은 수수밭〉(공리 주연)으로 만들어 졌다.

문득, 시야 가득 붉은 수수밭이 펼쳐지고 있다.
영화는 한 소년의 내레이션으로 담담하게 시작한다.
"그해 7월 9일, 조모는 오십 넘은 문둥이에게 시집을

갔다.”

‘면사포를 벗지 마라, 액운을 당한다. 가마에서 울지 마라, 불행해진다’

검붉은 황토 가루를 휘날리며 가마꾼들이 소리를 한다. 가마가 신랑 집에 당도할 때까지 신부를 골려 먹는 풍습이 중국에서는 대대로 전해져 내려온다.

잔치도 끝나기 전에 새신랑이 안 보이네/ 어디 갔을까 새색시가 보고 싶은 신랑은 각시방에 숨어들었지/ 얼굴에는 검버섯 코는 납작코에 깜빡이는 두꺼비눈/ 추한 얼굴에 목은 닭살 머리에는 들끓는 이/ 그래도 내 사랑 귀여운 내 각시!/ 무서운 새색시가 맙소사! 나를 타고 앉네/ 사타구니를 헤치네 나를 구해줘!/ 아야야 귀여운 것 귀여운 내 각시!

주인공 추알(공리)은 오십 넘은 문둥이 신랑에게 당나귀 한 마리에 팔려서 시집가느라 심기가 편치 않다. 설상가상 가마꾼들이 노래를 부르며 미친 듯이 가마를 흔들어대는 통에 어질머리를 앓는다.

하늘과 땅이 합쳐져서 눈앞이 뱅뱅 도는 가운데도 추알은 휘장을 들치고 몰래 가마꾼들의 행동을 엿본다. 웃옷을 벗어젖힌 가마꾼들의 우람한 몸집이 추알의 호기심을 자아낸다. 발을 내디딜 때마다 불끈거리는 떡 벌어진 어깨와 알통으로 꽉 찬 다부진 팔뚝이 젊디젊은 추알의 성감대를 자극하고 있다. 희롱하는 가마꾼의 끈적이는 소리와 황토 바람에 미친 듯 서걱거리는 붉은 수숫대는 인간의 원색적 본능이 춤을 추는 것만 같다. 그때, 추알은 미처 상상도 하지 못했으리라. 신행길이 자신의 앞날을 집어삼킬 전초였다는 것을……

　문둥이 신랑이 운영하는 십팔리 고개의 양조장은 술을 사러 오는 사람 말고는 인적이 드문 곳이다. 황토 언덕에 거대한 굴렁쇠처럼 세워진 양조장의 관문이 장관이다. 해와 달조차도 그곳을 거쳐야만 뜨고 지고 할 수 있는 것처럼 보인다. 추알의 운명도 그 관문을 거치면서 비장한 말로를 맞게 된다.

　〈붉은 수수밭〉으로 88년 국제영화제에서 그랑프리를 거머쥔 것은 장이모 감독이 신기에 가까운 예술성으로 완벽한 화면을 추구한 공일 터이다. 검붉은 수숫대를 이글거리는 태양을 바탕으로 끊임없이 나부끼게 하여 인간의 추악한 욕망으로 환치시켰다. 인간들은 너 나 할 것 없이 욕망의 늪에 한 발을 깊숙이 빠뜨린 채, 수렁인 줄도 모르고 질척이는 삶을 살아간다. 이런 인간의 원초적 욕망을 섬뜩할 정도로 유출해낸 것은 장이모 감독이 아니면 불가능한 일로 보인다. 그의 예술성은 북경올림픽 개막제에서도 유감없이 발휘되었다.

　수숫대는 주변에서 불어대는 모진 바람에도 끄떡하지

않고 끊임없이 눕고 또다시 일어난다. 그래서 김수영 시인은 풀을 '바람보다 먼저 눕고, 바람보다 먼저 일어난다.'고 했던가.

문둥이 신랑이 의문의 죽임을 당하고 추알은 떠나려는 일꾼들을 불러 모아 양조장이 잘 되면 이윤분배를 하자고 제의한다. 문둥이 신랑의 흔적을 지우고자 추알과 루오한은 집 안 구석구석에 붉은 고량주를 뿌려 소독을 한다. 추알의 얼굴에 뿜기는 고량주 방울이 자유를 만끽하려는 환희로 바뀌어 눈부시게 반짝거린다.

9월 9일 중앙절, 추알의 생일날, 고량주가 붉게 잘 익어 주신(酒神)께 감사제를 드릴 때, 느닷없이 한 사나이가 나타난다. 결혼하고 3일 만에 나귀 타고 친정으로 신행 갈 때, 추알을 수수밭에 납치해서 몰래 범한 바로 그 가마꾼이었다. 공들여 빚어놓은 술독마다 오줌을 찔끔거리며 행패를 부린다. 뜯어말리는 일꾼들에게 자신이 사실상, 남편임을 주장하며 추알을 안고 침실로 들어간다.

이튿날 새벽, 루오한은 고량주 맛을 보고 깜짝 놀란다. 주정뱅이가 심통으로 오줌을 갈긴 술독의 술맛이 의외로 다디단 것이 아닌가! 그길로 루오한은 새 주인에게 추알과 양조장을 맡기고 사라진다.

십팔리에도 일본군이 쳐들어와 마을 주민을 강제 동원해 군용도로를 닦는 데 혈안이 되었다. 음식과 노동력을 강탈하면서도 고분고분 복종하지 않는 사람들을 잔인하게 처형했다. 마을에 피바람이 불고 간 후, 추알은 일꾼들을 종용한다. 진정한 사나이라면 동료의 원수를 갚으라고. 치밀한 계획을 짜 일본군 트럭이 다니는 길 몫에 폭발물을 설치한다. 추알은 일본군 총알을 맞고 비참하게 쓰러지고 엄마를 부르는 아이의 절규가 붉은 해를 삼키고도 황량한 수수밭을 끝없이 울려 퍼져나가고 있다.

엄마 엄마 극락으로 가/ 순풍에 돛 달고 큰 배 타고/ 이 세상 근심일랑 모두 떨쳐버리고/ 엄마 엄마 극락으로 가

느닷없이 마른하늘에 개기일식이 벌어지며 아들아이의 간절한 기도가 멀리멀리 퍼져나가고 있다. 세상의 어미들은 가슴이 천 갈래, 만 갈래로 찢어지며 귓가에 아들의 진혼곡이 쟁쟁 울려 퍼질 것이다.

의사와 과학자의 차이는?

몇 년 전, 새벽 2시에 황급히 응급실로 쫓아간 적이 있다. 낮에 치료를 받고 온 남편이 자다가 다시 코피가 터졌다. 가까운 병원에 갔더니 근본 치료를 받으려면 이비인후과가 있는 종합병원으로 옮기라는 것이 아닌가. 콸콸 쏟아지는 코피를 타월로 틀어막고 한밤중에 마산까지 나가는데 병원에 당도하기 전에 큰일을 당할 것만 같아 몹시 불안했었다. 병원에 도착하기만 하면 의사가 모든 것을 해결해 주리라 굳게 믿었다.

응급실은 교통사고 환자, 이가 부러진 주정뱅이, 손목을 칼로 그어 자살 시도한 아가씨 등 20여 명의 환자와 보호자들의 아비규환으로 전쟁터를 방불케 했다. 그런데 의사라곤 수련의 단 한 명 뿐이었다. 다급한 환자들은 간호사의 멱살잡이도 다반사였다. 근 2시간 만에 남편이 받은 처치라고는 지혈제 주사 한 대와 콧구멍에 솜을 틀어

막은 것이 전부였다. 다음날 오전 10시까지도 담당 전문의는 한 사람도 나타나지 않았다. 이런 무성의한 대우를 받고는 성인군자일지라도 화를 내지 않을 재간이 없었다. 이처럼 환자와 의사 사이에는 눈에 보이지 않는 높은 차단막이 가로 놓여있는 것이 엄연한 현실이다.

의료계의 모순을 개혁하려는 패치의 열정적 일생을 영화로 만든 것이 〈패치 아담스〉다.

9살 어린 나이에 아버지를 여의고 외롭게 성장한 패치는 천재에 가까우나 자살을 여러 번 시도할 정도로 사회에 적응하지 못하는 사람이었다. 자발적으로 정신병원에 입원하며 패치의 운명은 뒤바뀌게 된다.

과대망상증 환자인 룸메이트를 돕는 과정에서 패치는 자신의 장래를 계획하게 된다. 정신병동에 입원해 있는 재벌발명가의 도움으로 자신감을 찾는다.

"문제에만 집중하면 절대 답을 얻을 수 없지. 손가락 너머를 보게. 모두들 두려움과 나태함으로 보지 않으려 하지. 자네도 내게서 단지 늙은이의 광기만 봤다면 시작도 할 수 없었겠지." 사물만 보지 말고 사물 너머의 것도 아울러 보라는 그의 말을 새겨듣는다. 그리고 자신의 도움이 필요한 사람들을 위해 의사가 되기로 결심한다. 여전히 해괴한 짓을 하는 패치를 퇴원시키지 않으려 하자 그는 담당 의사를 향해 일갈해댄다.

"당신은 사람이 말할 때, 얼굴조차 마주 보지 않지, 난 그들의 고통을 잘 들어주는 의사가 되려 하오."

2년 후, 패치는 버지니아 의과대학에 입학하게 된다. 그곳에서도 역시 패치는 다른 의대생들과는 다른 행동을 하여 항상 이목을 끌게 된다. 쉬지 않고 책에 파묻혀 있는 공붓벌레들을 상대로 패치는 자신이 생각하고 있는 인술을 설득시키려 한다.

"의사와 과학자의 다른 점은 무엇인가? 봉급을 제외하고……" 머뭇거리는 어린 학생들을 향해 패치는 자신의 신념을 답해준다.

"의사란 바로 사람을 돕는 직업이지. 의사가 되려면 질병만큼 사람을 알아야 한다고 나는 생각하네."

인정머리라곤 털끝만큼도 없어 보이는 학장은 제자들을 강당에 모아놓고 특강을 종종 한다.

"약이란 무엇인가? 인간에게 해를 입히는 강력한 개체이지. 어린이가 어른들을 믿듯이 환자들도 의사를 전적으로 믿기 때문에 위험한 메스를 맡길 수 있는 것이지. 하지만 인간은 불행하게도 믿을만한 존재가 못 되거든. 본래 거짓말만 하고 쉽게 피로를 느끼지. 제정신 가진 환자라면 인간을 믿어선 안 되지. 여러분을 교육해 보다 나은 존재로 만드는 것이 내 임무지."

'엎드려뻗쳐 20회 실시' 마치 훈련 상사 투로 말하는 학장에 대항해 패치는 동급생에게 열변을 토한다. 3학년까지는 왜 책만 암기해야 하고 환자를 직접 돌 볼 수 없는가를.

"의사는 치료는 물론이고 환자에게 충고와 희망을 주어야 해. 사람이 약해졌을 때 정작 따뜻한 의사의 관심이 필요하다고 생각해."

패치와 의사가 가장 잘 통하는 트루먼은 인간의 정신세계에 관심이 많다.

"인간은 선천적으로 개방적인데 관습에 빠져 정해진 반응만 보이게 되거든……"

"하지만 약간의 자극으로도 반응이 달라질걸. 매개변수를 바꾸는 거야."

패치는 실험을 하기 위해 마주 오는 사람에게 이상한 방법으로 인사를 건넨다. 사람들은 우스꽝스런 행동에 처음엔 머리를 갸웃거리지만 종래엔 뒤돌아보고 미소 짓고 만다. 패치는 '10초의 승리'라는 말로 아직 사람들 가슴엔 인간미가 남아있음을 확인시킨다.

암울한 어린이 암 병동을 발견하고 패치는 목숨을 포기한 어린이들의 웃음을 되찾아주려 즉석 퍼포먼스를 벌인다. 빨간 고무관장기를 코에 쓰고 피에로가 되어 아이들을 웃긴다. 어느덧 활기를 되찾은 아이들은 입원실을 수라장으로 만들고 학장은 그 현장을 목격한다. 불같이 화를 내며 학장은 패치에게 병원 출입을 금한다. 게다가 오두막을 빌려 불법의료행위를 하다 퇴학 위기에 처하게 된다. 위원회가 소집되고 패치의 퇴학 여부는 오로지 그들의 판단에 달려있다. 패치는 스스로 자신의 최후 변론을 한다.

"환자의 건강을 증진하는 것이 의사 본연의 임무인 줄로 압니다. 단지 목숨을 연장하는데 목적을 두어서는 안 될 것이라고 생각합니다. 죽음은 적이 아니라 인간 누구라도 겪어야 할 과정이기 때문입니다. 의사의 역할은 죽음을 막는 것이 아니라 삶의 질을 높이는 데 있다고 생각합니다."

병실에서 환자들을 충심으로 돌보는 패치의 모습을 눈여겨 봤던 심의 위원장은 최종 판결을 내린다. "행실은 괘씸하나 열정은 높이 사네. 졸업할 의사가 있다면, 앞으로는 병원 규칙을 제대로 지키게!"

자신만의 방법으로 환자를 열심히 돌보던 패치에게도 위기의 순간은 다가왔다. 입학식장에서부터 눈여겨보았던 예쁘장한 카린이 마음을 굳게 닫고 있는 것을 눈치채고, 패치는 갖은 노력으로 환심을 사려 한다. 패치의 눈물겨운 노력에 탄복한 카린은 드디어 자신의 과거를 고백한다.

"나는 풀잎 위의 애벌레가 부러웠어. 잠깐의 징그러운 모습을 견디면 곧 눈부신 나비로 새로 태어날 수 있잖아." 어려서부터 성폭행을 당해온 카린은 영혼마저 깊이 병들었던 것이다.

패치는 자신만은 상처를 주지 않아야겠다는 결심으로 카린과 절절한 사랑에 빠지게 된다. 패치의 의료봉사를 도우며 상처가 거의 아물 무렵 카린은 정신분열 환자에게 잔인한 죽임을 당한다. 패치는 자책감으로 자신도 자살하려 낭떠러지 위에 몸을 세웠다. 막 허공으로 몸을 던지려는 순간, 오색영롱한 나비 한 마리가 날아와 패치의 가슴에 앉는 것이 아닌가. 그때, 패치는 카린의 영혼이 자신을 만류하러 나비가 되어 날아왔다고 굳게 믿고, 마음을 바꿔 병원으로 향한다.

우여곡절 끝에 의학 수업을 무사히 마친 패치는 의대 교정에서 졸업장을 받고 있다. 학장은 탐탁잖은 얼굴로 졸업장을 건네며 빈정거린다. "오랜만에 자네의 점잖은 모습을 보니 반갑네."

졸업장을 받아 쥐고 돌아서는 패치를 보고 졸업장은 온통 웃음의 도가니가 된다. 졸업가운을 걸친 의젓한 앞모습과는 달리 뒤는 맨 궁둥이로 유유히 제자리로 향하는 것이 아닌가.

욕망의 사계

나는 불교에 입문한 지, 40년이 넘으나 자신만만하게 불자라는 내색을 못 하고 산다. 천성이 게을러서 공부를 못 한 탓도 있으나, 불교에 빠져들수록 광대무변하고 오묘한 진리가 법열로 휘감아와 자신의 존재가 한없이 작게 잦아들기 때문이다.

경북 청송 주왕산 골짜기에는 3백 년 된 '주산지'가 있다. 조선 숙종조에 가뭄 방지를 위해서 둑을 쌓아 만든 농업용 저수지이다. 그곳에는 하늘다람쥐, 박새, 원앙, 검은댕기해오라기, 쇠딱따구리, 빨간 부리의 호반새와 누룩뱀이 살고 있다. 다큐멘터리를 보며 한국에도 샹그릴라가 있다면 바로 저곳이겠구나 하고 자의적인 해석을 붙여가며 봄이 되면 꼭 가보리라 다짐을 했었다. 그리고 불현듯 생각이 났다. 그곳에서 촬영했다는 〈봄 여름 가을 겨울 그리고 봄〉이라는 영화가 국제영화제에서 호평을 받았다는 것이.

그랬는데 테이프가 돌아가고 화면이 펼쳐지며 나의 실망감은 말할수 없이 커져만 갔다. 이번에도 김기덕 감독은 〈섬〉에서처럼 호반 위에 절 한 채를 덩그렇게 지어놓고 사바세계와의 소통의 도구로 배를 사용했다. 인간의 소외와 단절을 다룬 〈섬〉에서는 낚시터의 인공적 섬 세트가 절묘하게 맞아떨어졌으나, 이번의 절 세트 시도는 우주적 세계관을 지닌 불교를 다루는 데는 역부족이었다. 주산지 사계의 풍광이 빼어나게 아름다워서 완벽하게 만든 세트라 할지라도 겉돌 수밖에 없었다. 차라리 절을 뗏목으로 띄우지 말고 물가에 지었더라면 한결 운치가 더했을 텐데 하는 아쉬움이 남는다. 물 위의 일주문을 통해 사바세계와 청정도량의 경계를 표현하려 한 감독의 의도가 가늠이 안 되는 것은 아니나, 한눈에 드러나는 인위적인 세트가 끝까지 걸림돌로 작용했다. 김기덕 감독이 각본도 직접 쓴 이 작품은 주산지의 수려한 사계를 정밀한 렌즈를 통해 완벽하게 포착했음에도 불구하고 오래된 술처럼 푹 더 곰삭았으면 하는 아쉬움이 남는다.

물안개 가득한 호반 위로 추녀 끝에 달린 풍경의 청아한 소리가 울려 퍼지며 아침이 열리고 있다. 천진난만한 동자승이 잠자리에서 깨어나며 하루의 업장을 짓기 시작한다. 새들의 청명한 울음소리가 봄을 알리고 3백 년 된

물푸레나무들은 허리춤까지 물에 잠겨 수액을 끌어올려 새싹을 틔우고 있다.

피라미와 개구리와 뱀 대가리를 실로 챙챙 챙인 끝에다 돌멩이를 매달아 주며 동자승은 자지러들 듯이 깔깔거린다. 예리한 렌즈는 동심 속에서 번득이는 인간의 살의를 섬뜩하게 찍어낸다. 생명체의 귀함을 심어주기 위해 큰스님은 동자승의 허리춤에 큰 돌멩이를 달아주며 산으로 돌아가 옭아맸던 동물들을 풀어주라는 분부를 내린다. 이런 작위적인 행동이 부처님의 가르침에 위배된다는 사실을 감독은 아는지 모르는지…….

주산지에 계절이 빠르게 바뀌어 어느덧 동자승은 훌쩍 커버려, 턱 밑에 수염이 거뭇거뭇한 소년이 되었다. 속세의 청소년들이 그렇듯이 소년 스님도 불끈불끈 치솟는 혈기를 다스리지 못해 쩔쩔매며, 녹음이 짙어 가는 숲을 넋 놓고 바라보는 시간이 길어져만 간다. 폭양 속에서 소년의 불길한 앞날을 예고라도 하듯 매미가 자지러지게 울어 젖히며 한낮의 나른함을 찢어내고 있다. 소년은 주왕산 제일 높은 봉우리에 올라가 큰 석불의 어깨에 기대어 아래 세상을 물끄러미 내려다보곤 한다. 첩첩 산 중 호반 위의 섬에 갇힌 자신이 자유를 결박당한 새장 속의 새처럼 여겨져 절망감이 명치끝까지 차올랐으리라. 감독은 외로운 소년의 마음 줄을 잡아줄 어머니의 역할로 집채만 한 석불을 앉히는 배려도 잊지 않았다.

소년의 무료함이 극에 달해 풍선처럼 팽창했을 때, 또래의 한 소녀가 절로 찾아든다. 손끝만 닿아도 감전이 될 듯 감수성 예민한 두 남녀는 아름다운 풍광을 배경으로 하늘과 땅 사이의 교합이 이루어진다. 원효대사와 요석공주처럼 피치 못한 인연의 고리로 단 한 번의 만남이 이루어져야 함에도, 이 부분에서 감독은 가장 큰 실수를 한 것처럼 보인다. 큰스님은 마치 이들의 불장난을 알고도 방치한 것처럼 보여 도덕적 책임감에서 벗어날 수 없다. 몸뚱이에만 매달려 있던 젊은 남녀는 예정된 이별을 하고 소녀가 떠난 뒤, 얼마 지나지 않아 소년도 석불을 가방에 챙겨 넣고 야반도주한다.

화면 가득 불타는 단풍잎이 떠오르며 주산지에도 가을이 찾아들었다. 노스님은 떡을 싸 온 신문지를 무심코 뒤적이다가 아내를 죽인 남편이 도주했다는 기사를 보며, 자신의 상좌임을 직감한다. 스님의 예감대로 피폐한 몰골의 사나이가 절로 찾아든다. 스님은 남은 죽일 수 있지만, 자신을 죽이는 일은 쉽지 않을 것이라며 절간 뗏목 위에 반야심경을 가득 써준다. 적개심으로 불타는 청년은 반야심경 구절을 한 자 한 자 끌로 파 내려가며 마음을 삭이려 애쓴다.

욕망이 아집을 낳게 하고 집착은 살의를 품게 한다. 육체의 욕망인 색이 공과 다르지 않고, 공이 색과 다르지 않아 색이 곧 공이요 공이 곧 색이다. 마음에 걸림이 없고 걸림이 없는 까닭에 두려움도 없다. 과연 번뇌와 아집과 욕망으로 들끓는 청년의 죄업이 반야심경 글귀가 떨어져 나가듯 쉽게 녹아 없어질 것인가? 반야심경을 다 새기기도 전에 형사가 들이닥치고, 스님의 간곡한 부탁으로 밤새 반야심경을 새긴 죄인은 형사들에게 끌려간다.

다시 세월은 흘러 주산지에 눈발이 흩날리며 겨울이 시작되고 꽝꽝 얼어붙은 호반 위로 얼음을 지치며 늙수그레한 방문객이 찾아든다. 놀랍게도 김기덕 감독의 얼굴이다. 자신이 직접 연기를 함으로써 오히려 리얼리티를 떨어뜨린 감이 없지 않다. 죄과를 치르고 나타난 주인공 앞에 엄청난 일이 벌어져 있다. 노스님은 배 위에 장작을 쌓고 올라앉아 불을 붙여 스스로 다비를 끝내고 열반에 들었다.

주인공은 동자승일 때처럼 등에 커다란 돌을 업고 산꼭대기를 오른다. 시지프스처럼 돌을 메고 산을 오르는 수행자는 가식적으로 보인다.

인도 사르나트 고고박물관에 가면 부처님의 고행상을 볼 수 있다. 나는 그 고행상 앞에서 머리에 벼락을 맞은 듯이 발이 얼어붙었다. 보리수 아래서의 6년 고행으로 싯다르타는 갈비뼈가 앙상하게 드러난 모습이다. 번뇌와 욕망이 다 잦아들은 고귀한 영혼의 결정체가 얼음처럼 투명하게 놓여있었다. 차라리 영화의 주제를 살리는데 부처의 고행상을 상징물로 썼으면 하는 안타까움이 영화 감상 내내 뇌리를 떠나지 않는다.

다시 계절이 바뀌어 청명한 새소리가 봄을 알린다. 수행자의 혈육으로 보이는 천진무구한 어린아이가 절로 다시 들어오고 아이는 무럭무럭 자라나 제 아비의 전철을 그대로 밟고 있다. 마장을 소멸하기가 이토록 어렵다는 것인지 영화의 주제를 간파하기가 참으로 어렵다. 어쨌거나 부처는 내 안에 있다. 그것을 깨닫는 것 또한 각자의 몫이다.

완전한 평등, 성(性)

몇 년 전에 경남도청에서 주최하는 여성전문위원 워크숍에 참석한 적이 있다. 공들여 짠 여성 강사의 충실한 강의 덕분에 1박 2일 내내 웃음바다가 되다가도 문득문득 진지해져 절박한 여성의 문제에 대해 폭넓게 토론한 기억이 새롭다.

'성 인지력 향상'이라는 낯선 주제가 처음에는 자못 궁금했었다. 서울에서 초청되어 온 사회학 전공의 여성 강사는 자신이 여성임에도 불구하고 미처 자각하지 못했거나 간과하기에 십상인 여성성(女性性)에 대한 잘못된 인습을 차근차근 불식시켜나갔다. 우리 사회에서 여성이 불공평하게 대접받아온 이유는 생물학적 성(sex)과 사회학적 성(gender)에 대한 무지에서 비롯되었다는 것을 강의를 듣고서야 비로소 가늠할 수 있었다.

체코 작가 밀란 쿤데라의 『참을 수 없는 존재의 가벼

움(The Unbearable Lightness Of Being)』을 영화화한 작품이 〈프라하의 봄〉이다.

『참을 수 없는 존재의 가벼움』은 작가 밀란 쿤데라에게 일약 세계적 명성을 안겨준 작품이다. 쿤데라의 소설은 작중 인물들의 극히 개인적이고 사적인 서술이 오늘날의 문화적, 역사적, 정치사회 현실과 긴밀히 연결되어 있다. 인간 삶의 의미를 추구하는 것을 소설의 역할로 보는 쿤데라의 사상은 그의 동향인 카프카와 지향점이 같다.

감독 필립 카우푸만도 원작의 지향점을 적확하게 화면에 담아냈다. 당시의 영화평에는 〈체제의 권력 앞에 선 개체의 무력함, 인간의 나약함에 대한 정열적이고도 에로틱한 변호〉라고 극찬을 아끼지 않았다. 다만 원작 소설보다 영화는 쿤데라의 소설적 서술 외의 에세이적인 작가의 지성적 관찰을 세밀하게 담아내지 못했다는 점이 미진했다.

육체와 영혼, 삶의 의미와 무의미, 시간의 직선적 진행과 윤회적 반복, 존재의 가벼움과 무거움, 부정과 긍정의 개념, 우연과 운명, 인류학과 생명체의 질서 등의 중요한 테마를 놓쳐서 아쉬웠다.

외과의인 주인공 토마스는 여성 개체의 자아가 숨기고 있는 독특성이, 성교할 때 각기 다르게 드러난다고 믿기 때문에 수많은 여성과 관계를 갖는다. 평생토록 토마스의 연인이었던 여류화가 사비나의 삶은 배반으로 점철되어 있다. 아버지와 공산주의를 배반했고 남편을 버리고 토마스, 프란츠와 같은 유부남과 애정 관계를 맺음으로써 이들로 하여금 부인을 배반하게 만든다.

그런데 작가 쿤데라는 이런 배반을 부정적 시각으로 보지 않는다. 배반이란 '대열에서 이탈하여 미지의 곳으로 나아가는 것이다'라고 당당하게 주장한다. 사비나에게 배반은 속박에서 벗어나 자유를 되찾는 자기 해방적 기능을 한다.

작가 쿤데라는 오히려 배반에 충실해야 한다는 배반 옹호론으로 치닫는다. 오늘날의 인간은 사랑할 수 없는 존재이기 때문에, 소위 사랑한다는 것은 자신을 속이거나 아니면 다른 사람을 속이는 것으로서, 자신의 생각에 대한 배반이거나 아니면 실제에 대한 배반이라고 생각한다.

이 같은 비정상적이고도 특이한 사랑의 이야기를 카우푸만 감독은 여체를 통해 더없이 아름다운 사랑의 이야기로 형상화했다. 책 출간 당시에 평론가 제르케에가 '쿤데라는 저속한 세계의 흉측한 실상을 그토록 매력적으로 아름답게 서술하여, 전혀 보잘것없는 속물들의 열정을 숭배하고 찬양하는 것 같은 인상을 준다'고 평한 것에서 한 차원 높여, 영상매체로 완벽하게 표현해낸 것은 필립 카우푸만 감독의 탁월한 역량이다.

토마스의 내면에는 여성에 대한 두려움이 깔려 있다. 그러나 아이로니컬하게도 끝내 여성에 대한 열망으로 온 생을 소진하고 만다. 그는 여성을 향한 자신의 두려움과 열망 사이에서 끊임없이 타협을 요구한다. 그리고 이것을 '에로틱한 우정'이라고 일컫는다. 상대의 삶에 대해 자신의 욕구를 강요하지 않는 비감상적 관계에서만 두 남녀는 행복해질 수 있다는 것을 강조한다.

토마스는 여러 여성들과 끊임없이 성관계를 맺지만 잠은 홀로 잔다는 철저히 고수해온 불문율이 있다. 그런데 테레사를 만나고부터 이 불문율이 깨져버렸다. 그리고 토마스는 사랑은 성교행위의 욕구에 있는 것이 아니라 공동의 수면에 있다는 깨달음을 얻는다.

영화 전편을 끌고 나가는 매개체로 감독은 베토벤의 4중주와 톨스토이의 『안나 카레리나』와 사비나의 모자를 설정했다. 테레사와의 만남에는 베토벤의 음악과 톨스토이의 책을 배치했고, 사비나와의 성관계 때는 멜론모가 빠지지 않고 등장한다.

모자는 한 인간의 내면을 표상하는 데 곧잘 이용되곤 한다. 고 임영조 시인은 「시인의 모자」라는 시에서 푸르른 시인의 절개를 토로했고, 작가 박완서도 「여덟 개의 모자로 남은 당신」이라는 자전적 작품에서 폐암으로 일찍 타계한 부군에 대한 애통함을 절절하게 표현했다.

토마스는 오랫동안 관계를 맺어온 사비나를 제치고 테레사와 결혼 한다. 수평저울의 양 끝에 테레사와 사비나를 올려놓고 저울의 눈금이 어느 쪽으로도 치우치지 않게 눈물겨운 노력을 한다. 섹스의 대상이 사비나인 것에 반해 젠더로서의 여성은 테레사를 택했다고나 할지⋯⋯.

토마스는 테레사의 숨겨진 재주를 발굴해서 러시아군이 체코를 점령하는 현장을 찍게 만든다. 처음으로 자신이 좋아하는 일을 하는 테레사의 빛나는 모습이 비틀스의 〈헤이쥬드〉의 경쾌한 음률에 맞춰 유감없이 발휘된다.

천부적인 토마스의 여성편력 때문에 남편의 사랑을 완전하게 독차지하지 못하는 테레사는, 사는 내내 괴로워한다. 과연 이 세상에 완전한 사랑이란 것이 존재하기나 한 것인가?

이 우문에 대한 답을 작가는 종교적 해석으로 돌리고 있다.

"인간의 사랑은 우리들 자신의 상실 된 반쪽에 대한 동경이다. 인간의 시간은 원형으로 맴돌지 않고 직선으로 진행되기 때문에 인간은 행복해질 수 없다. 행복이란 반복을 갈구하는 소망이기 때문이다."

결국 토마스로 하여금 화려한 여성 편력자로의 설정은 결코 관능적 쾌락에서가 아니고, 세상을 정복하려는 욕망이 강하게 작용했기 때문이었다. 당시의 유럽의 정세가 지식인들의 거세를 무모하게 종용했기에, 정신과 육체의 동떨어질 수 없는 불가분의 관계를 이 영화는 고도의 예술적 화면으로 표출해낸 것이다.

영혼이 푸른 시인, 마리오

바다를 보았다. 지척의 대마도.

검푸른 바다, 격랑의 바다, 공포의 바다, 비애의 바다,
그러나 감격의 바다를……

이 험난한 물길을 따라가노라면 어쩌면 아스라이 먼
곳, 이탈리아의 작은 섬, 쪽빛 바다에 닿을 수 있을지도
모르겠다. 그곳에 시인 파블로 네루다가 싹 틔운 청대 잎
같은 한 무명 시인과 만날 수도 있으리라.

칠레 시인 파블로 네루다는 공산당원이다. 사상이 다
른 정적에 쫓겨 이탈리아의 한 작은 섬으로 망명을 떠
난다. 그곳 섬 주민 대부분이 문맹인데 네루다의 개인 우
편물 배달원(IL Postino)인 마리오와 만나게 된다. 마리오
는 나이만 먹었지 천진무구한 소년과 같다. 네루다의 일
거수일투족이 마리오에게는 신기하기 그지없게 여겨
진다.

섬사람 대부분이 어업에 종사해도 마리오는 배 타는 것이 어설프기 그지없다. 마리오의 눈동자는 수평선을 물고 허공을 향해 날아오르는 물새의 날갯짓에 머물 때가 많다. 발은 땅을 딛고 서 있으나, 그의 머릿속은 온통 뜬구름 속에서 헤매고 있다.

유명한 시인 네루다가 로마에 도착했다는 뉴스를 보며 선망을 했는데 막상 자신이 그의 우편물을 나르며 독대를 하게 되리라고 꿈엔들 생각했으랴. 네루다의 우편물이 쌓일수록 마리오의 꿈도 비례해서 부풀고 있었다.

깎아지른 절벽을 끼고 마리오는 자전거를 타고 우편물을 배달한다. 비췻빛 바다가 마리오의 영혼처럼 시리게 펼쳐져 있다. 편지를 건네주며 마리오는 하얀 포말 같은 웃음을 짓는다.

"시가 뭐예요?"

"시란 그 감정을 경험해 봐야지 말로 설명하면 진부해지지, 난 그 시를 내가 표현한 말 이외엔 설명할 수 없어."

"은유가 뭐예요?"

"은유란 어떤 행동이나 모습을 다른 말로 표현하는 것이지."

"그대 미소는 나비의 날갯짓, 부서지는 파도." 이런 거요?

착한 성품의 마리오는 네루다의 가르침을 스펀지처럼 흡수한다. 그리고 하루가 다르게 감성이 풍부해진다.

마리오는 술집 아가씨를 흠모해서 그녀에게 줄 연시를 네루다에게 부탁한다. 네루다는 자신의 간절한 생각을 풀어내면 그것이 바로 시라고 충고해준다. 집시처럼 야생적인 아가씨는 좀처럼 마리오에게 자신의 마음을 주지 않는다. 지성이면 감천이라고 절절한 사랑병을 앓고 있는 마리오에게 감동한 네루다는 술집에 동행하기로 마음먹는다.

그곳에서 네루다는 아가씨가 보라는 듯이 마리오에게 '나의 절친한 친구 마리오에게'라는 사인을 책에다 친히 해준다. 네루다의 사인 덕분이라기보다 마리오의 간절함이 아가씨의 마음에 가닿았는지 아가씨는 데이트를 허락한다.

젊은 연인은 파도가 부서지는 해안가를 걸으며 자신들의 사랑을 쌓아가고 있다. 청신한 그들의 사랑이 작은 섬의 아름다운 풍광과 어우러져 마치 한 폭의 그림처럼 펼쳐지곤 한다.

네루다는 녹음기에다 이 섬의 아름다움을 얘기해 보라고 한다. 마리오는 서슴지 않고 아가씨의 이름을 댄다.

공을 들인 보람이 있어 마리오는 자신이 사랑하는 아가씨와 결혼을 올린다. 네루다는 '시는 시를 쓴 사람의 것이 아니라 필요로 하는 사람의 것'이라며 신부에게 자신의 시를 바친다.

> '순결한 마음과 깨끗한 눈으로 당신의 아름다움을 찬양합니다.
> 혈기를 누르고 있는 당신의 모습을 떠올립니다.
> 숲속의 땅, 파도, 물보라 향기로운 대지, 아름다운 바닷소리 나의 시안에 당신이 살아 있습니다.'

네루다는 체포영장이 기각되어 사랑하는 조국, 칠레로 돌아갈 수 있다는 소식을 결혼식장에서 접한다. 그가 급히 귀국하자 할 일을 잃은 마리오는 네루다의 영상에 매달려 신혼생활도 시들해져 간다. 부인은 섬을 벗어나 대처로 나가기를 종용하나 마리오는 네루다의 공산주의 사상에 이미 깊숙이 발이 **빠져** 헤어나지를 못한다. '사람은 의지가 있으면 세상을 바꿀 수 있어' 네루다의 신념이 마리오의 발목을 붙잡고 놓아주지 않는다.

부부가 갈등이 심각해질 즈음, 부인이 임신 소식을 알린다. 파블로 네루다의 이름을 따서 '파블리또'라고 부르자 아내는 결사반대를 한다. 남편의 영혼을 몽땅 **빼앗아**간 원망스러운 네루다의 이름을 본뜨자니 기가 막힐 노릇이었다.

네루다의 짐을 고향으로 부쳐달라는 전갈을 받고 마리오는 네루다가 거처 하던 집으로 들어간다. 이것저것 네루다가 사용하던 집기들을 만지며 회상에 잠겨있던 마리오는 녹음기를 발견한다. 자신의 음성이 녹음된 소리를 재생시켜보며 네루다를 그리워하던 마리오는 기발한 착상을 한다. 예전에 미처 말하지 못했던 섬의 아름다움을 찾아내 녹음을 시도한다.

작은 파도 소리, 큰 파도, 절벽의 바람 소리, 나뭇가지에 부는 바람 소리, 아버지의 서글픈 그물 당기는 소리, 신부님이 치는 종소리, 밤하늘에 반짝이는 별, 파블리또(아들)의 심장 소리를 녹음시키며 마리오는 네루다가 그리워 몸을 떤다.

그리고 공산당 시위가 벌어지는 곳에서 네루다의 시를 낭송하기로 했던 마리오는 시위 군중에 짓밟혀 시도 낭송하지 못한 채 스러져갔다.

몇 년이 흐른 후, 네루다는 노벨문학상을 수상하러 유럽에 왔다가 자신이 망명했던 작은 섬에 들른다. 그리고 그곳에서 마리오를 꼭 닮은 아이를 발견한다. 마리오의 부인은 남편이 선생님에게 보내려 녹음했던 것을, 자신이 보관하고 싶어 차마 보내지 못했다고 양해를 구하며 마리오의 죽음을 알려왔다.

슬픔에 찬 네루다는 소리가 녹음된 장소를 배회하며 청

대 잎 같던 마리오를 그리워하며 슬픔에 젖는다. 그리고
마리오를 그리는 시 한 편을 남겼다.

나의 친구 마리오에게

내가 그 나이였을 때
시가 날 찾아왔다
난 그게 어디서 왔는지 모른다
그게 겨울이었는지
강이었는지, 언제 어떻게 인지 난 모른다
그건 누가 말해준 것도 아니고
책으로 읽은 것도 아니고 침묵도 아니다
내가 헤매고 다니던 길거리에서
밤의 한 자락에서 뜻지 않은 타인에게서
활활 타오르는 불길 속에서, 고독한 귀로 길에서
그곳에서 나의 마음이 움직였다.

현대인의 시린 삶

　매화향기 소문처럼 번지는가 싶더니 목련이 촛불 같은 봉오리를 밀어 올리고, 벚꽃이 화르르 축포를 쏘아 올리며 봄은 한껏 무르익고 있다. 한데, 지구의 반대쪽에선 포탄이 꽃처럼 쏟아져 어린아이들의 머루 같은 눈망울이 죄 없이 스러져가고 있다.

　　사람들 사이에 섬이 있다
　　그 섬에 가고 싶다

– 정현종 「섬」 전문

　현대인들은 끊임없이 타인과의 관계 속에서 살아가고 있다. 허나 내밀한 소통이 이루어지기란 쉽지 않은 일이다. 가슴의 문을 비끄러매고 요긴할 때만 열어 보이며 단절의 우물을 깊게 파고 있다.

사람과의 관계에서 진실한 의사소통이 이뤄지지 않을 때, 불신은 싹튼다. 불신의 시대를 살아가는 현대인의 소외된 삶을 적나라하게 표출시킨 영화 중에 김기덕 감독의 〈섬〉도 꼽을 수 있다. 김감독은 〈악어〉(1996), 〈야생동물보호구역〉(1997), 〈파란대문〉(1998), 〈섬〉(2000), 〈수취인불명〉(2001) 등의 영화를 통해 인간의 내면을 섬뜩하게 파헤치고 있다.

사람이 얼마나 잔인할 수 있는가를 개장수(수취인불명)를 통해 우리에게 보여준다. 야구방망이로 개를 때려잡는 모습은 우리가 한사코 피하고자 하는 내 안의 야성에 맞닿게 만든다.

자욱한 안개 속에 분홍, 노랑, 초록, 보라…… 색색의 집이 여남은 채 떠 있다. 〈섬〉의 주인공은 그로테스크하게 생긴 벙어리 여자이다. 감독은 자칫 대사로써 놓치기 쉬운 미세한 감정의 흐름을 벙어리 여자의 섬세한 표정 연기로 포착했다. 벙어리 여인으로 하여금 복잡 미묘한 인간 심리를 꿰듯이 생생하게 드러낸 감독의 시도는 참신하고 완벽했다.

무릉도원의 수묵화 같은, 안개 자욱한 호수 풍경은 천진무구한 어린아이처럼 마냥 평화로워 보인다. 그 안에서 장차 벌어질 잔혹한 사건을 위장한 채, 섬들은 천연덕스럽게 떠 있다. 기실 현대인들은 각자 다른 색깔을 품고 서로가 섞이지 못한 채, 섬 한 채로 떠 있는 것이다. 흔히들 상대가 내게로 노 저어 오기를 바랄 뿐, 자신은 상대에게 다가가려는 수고마저 꺼린다. 낚시터의 벙어리 여주인을 사람과 사람 사이의 소통의 매개체로 설정한 감독의 탁월한 예술성이 돋보인다.

살인자, 노름꾼, 창녀 등이 각기 다른 삶의 색깔을 띠고 낚시꾼을 위장하여 기꺼이 섬이 되고자 모여든다. 일정한 간격을 유지하고 떠 있는 섬들은 모래알처럼 섞이지 못하고 살아가는 현대인의 소외된 삶을 상징적으로 보여 주고 있다.

사회에서 배척당한 한 젊은이가 새장을 들고 들어와 노란 집에 둥지를 틀고부터 벙어리 여자는 몸이 후끈 달아오른다. 간간이 오토바이를 타고 티켓다방 아가씨가 소풍을 오듯, 즐겁게 성을 팔러온다. 껌 한 개를 팔아치우듯 가볍게 거래가 이루어지고, 여성의 존엄성도 코 푼 휴지처럼 간단하게 구겨진다.

벙어리 여자는 끊임없이 노란 집 남자를 바라본다. 흔들리는 그네 위에 앉아 마치 자신이 사는 세상이 아닌 듯, 펼쳐진 호수 위의 풍경을 관조하고 있다. 그렇다. 사랑은 관심에서부터 비롯되는 것이다. 여우비가 바람결에 스쳐가고 벙어리 여자는 처마 끝에서 떨어지는 낙숫물 소리를 안주 삼아 소주를 홀짝거리고 있다. 다른 낚시꾼들에게는 단지 돈의 대가로 몸을 허락한다. 그러나 진정으로 갈망하는 상대에게는 눈빛마저 간절해진다.

가을이 깊어지고 벙어리 여인의 사랑도 붉디붉게 물이 든다. 무료하기만 하던 낚시터 일상에서 벙어리 여인의 사랑은 불길처럼 핏속으로 흐르기 시작한다. 나룻배 위에서 노을을 베고 누운 그녀의 온몸이 열에 들떠 있다. 역시 사랑은 위대하다.

집요한 구애에도 불구하고 노란 집 남자가 자신의 곁을 떠나려 하자 벙어리 여자는 자신의 자궁 속에다 굵은 낚싯 바늘 5개를 쳐넣고 만다. 사랑하는 남자가 떠난 뒤의 자신의 성은 무의미하다는 것을 처절하게 항변하는 대목이다. 처음 이 장면을 접했을 때는 너무도 끔찍해서 제대로 화면을 응시할 수 없었다. 이처럼 참혹한 장면이 꼭 들어가야만 했을까? 다소 진정이 된 후에 객관적인 시각으로 다시 화면을 쫓을 수 있었다.

여자들은 예로부터 아이를 낳으러 방에 들어갈 때, 댓돌 위의 고무신을 바로 놓고 들어갔다. 그것은 출산 중에 생명을 잃을 수도 있다는 것을 은연중에 감지하기 때문이다. 그런데도 수 천 년 동안 여성들은 기꺼이 아이를 낳았다. 자신의 생명을 담보로 했기 때문에 모성애가 그토록 진하고 끈끈한 것인지도 모른다. 벙어리 여자도 자신이 죽도록 사랑한 남자가 떠나가는 마당에야 자궁은 한낱 낚싯밥에 지나지 않았던 것이다.

예기치 못하게 벌어진 살인사건으로 두 남녀는 나룻배를 타고 낚시터를 떠나 바다로 향한다. 호수를 파랗게 뒤덮은 갈대 숲속으로 배는 미끄러지듯이 숨어들고 갈댓잎의 서걱거리는 소리는 그들의 사랑과 자유를 일깨워준다. 나룻배 안에 반듯하게 누워 있는 벙어리 여인의 음부 위로 푸른 갈대숲이 클로즈업된다.

이제 벙어리 여인은 지리멸렬한 일상으로부터, 자신을 옭아맸던 성으로부터의 일탈도 가능해진 것일까.

영혼의 집을 짓는 목수

　출산 후의 우울증이 이런 것일까? 수필집 출간 후, 텅
비어버린 자궁처럼 귓속에서 공허하게 맴도는 소리에 단
잠을 이룰 수 없다. 내가 써댄 껍데기뿐인 활자들이 불온
한 소문이 되어 떠돌아다니는 것만 같아 편치 않은 시간
을 보내고 있다.

　작가 오정희는 '나이라는 것은 가슴 서늘한 자각이기도
하고 희망이고 욕망이고 절망이기도 하다. 무엇을 어떻게
써야 할 것인가라는 물음은 바로 인생이란 무엇이며 어떻
게 살아야 하는가에 대한 물음'이라고 술회한다. 그가 눈
물을 흘리며 보았다는 〈내 책상 위의 천사(An Angel At My
Table)〉를 통해 나도 내 미숙아 「시간의 켜」에 대한 우울을
털어내려 한다.

　〈내 책상 위의 천사〉는 뉴질랜드 출신 작가 '자넷 페터
슨 프레임'의 자전적 소설을 자신이 직접 각색한 영화

이다.

영화는 오동통하게 볼살이 오른 양배추 머리, 어린 자넷의 내레이션으로 시작된다.

'1924년, 나는 쌍둥이로 태어났다. 얼마 후 남동생은 채 이름도 짓기 전에 세상을 떠났다'

질곡의 세월을 암시나 하듯, 출생을 읊조리는 담담한 목소리는 그녀가 딛고 선 길의 소실점에 묻혀 아스라이 사라져버린다.

1930년대 뉴질랜드 소시민의 삶은 한반도의 6.25 직후처럼 피폐하기 짝이 없다. 가난에 허덕이는 아이들에게 껌 한 개는 무지개와 같은 황홀한 꿈인 것이다. 자넷은 어수선한 이삿짐 틈에서 몰래 아버지 지갑을 뒤진다. 훔친 돈으로 껌을 사서 전학 온 학교에 가지고 온다. 그리고 낯선 친구들의 환심을 사기 위해 골고루 나누어 씹는다. 반아이들 모두가 수업에 몰두하지 않고 오물오물 껌의 단물을 빨아먹다 담임에게 들키고 만다. 출처를 추궁당하자, 자넷은 아버지가 주신 돈으로 자신이 껌을 사서 돌렸다고 진땀을 흘리며 둘러댄다. 흔히 있을 수 있는 어린아이의 단순한 거짓말에 담임은 흉악범이라도 체포한 듯, 냉혹한 표정으로 돌변한다. 그리고 자넷에게 수업 시간 내내 칠판을 보고 돌아서 있으라는 가혹한 벌을 내린다. 그 후, 자신이 가한 체벌로 인해 자넷의 운명이 어긋났다는 것을 알았더라면 아마도 그 교사는 죄책감에 영원히 교단에 설수 없었으리라. 그날, 자넷 앞을 가로막았던 철통같은 장벽은 여린 감수성을 짓밟고 한순간에 자신감을 앗아갔다.

칭찬은 고래도 춤추게 한다고 했던가. 돌이킬 수 없는 상흔을 안고도 자넷이 작가로 성장할 수 있었던 것은 그녀의 재능을 인정하는 작문 선생님이 있었기에 가능했다. 선생은 매시간마다 명시를 읽어주고 옮겨 적게 하고 또 새로운 시를 써오라는 숙제를 내주었다. 좁아빠진 주방 귀퉁이의 식탁에 코를 박고, 시를 쓰고 있는 자넷의 얼굴은 환한 빛으로 넘쳐흐른다.

'……밤그림자는 하늘을 만진다……' 들여다보고 있던 언니가 훈수를 둔다. "어둠은 하늘을 덮는 것이지 만지는 게 아니야!" "아니, 난 '만진다'로 하고 싶어."

장차 베스트셀러 작가가 될 언어의 감수성을 어찌 그녀인들 예감할 수 있었으리. 정해진 수순처럼 자넷의 작문은 우수작으로 뽑혀 도서관에서 마음껏 책을 빌려 볼 수 있게 된다. 책을 한 아름씩 빌려와 집에다 풀어놓는 자넷의 얼굴은 일생 중 가장 큰 기쁨으로 빛난다. 책을 읽으며 형제들은 마치 자신이 동화 속 세상의 주인공이 된 양, 한껏 꿈을 부풀리며 성장한다.

안온하던 어느 날, 글을 쓰고 있는 자넷에게 수영하러 가자고 조르던 언니가 오후에 돌연 익사체가 되어 돌아온다. 자넷은 그때, 또 한 번의 큰 좌절을 겪게 된다. 자신이 따라 나섰더라면 혹 언니의 생사가 뒤바뀌지 않았을까 하는 죄책감에서 고통스러운 나날을 보내게 된다. 설상가상 액운을 당한 집안의 어려운 형편 때문에 작가가 되려는 꿈을 접고 자넷은 사범학교로 진학한다. 판에 박힌 수업에 매달려 가슴속 실꾸리를 시원스레 풀어낼 수 없는 자넷의 영혼은 시름시름 시들어간다.

이럭저럭 사범학교를 졸업한 자넷은 초등학교 교사가 되어 아이들을 가르치고 있다. 어느 날, 느닷없이 들이닥친 장학사 앞에서 안절부절못하던 자넷은 기어이 교실에서 도망치고 만다. 졸지에 벌어진 기이한 사태를 수습하는 과정에서 자넷의 증상이 정신분열증으로 밝혀진다. 형제들은 '정신분열증'이 무엇인지를 수군거린다. 사전을 펼쳐보며 '정신분열증—사고나 감정, 행동 따위에 통일성이 없어지고 점차 뇌가 악화하여 치료법이 없음' '치료법이 없음' 바로 이 대목을 들으며 자넷의 얼굴은 좌절감으로 암각화처럼 굳어져 간다.

아이로니컬하게도 자넷은 자신이 믿고 따랐던 심리학 교수의 손에 이끌려 정신병원에 유폐된다. 환자들에게 전기충격을 가할 때 들려오는 잦은 비명에 멀쩡하던 자넷은 덩달아 미쳐가는 것 같다. 벤치와 집게로 환자들의 생니를 뽑아대는 정신병동은 살아서 볼 수 있는 유황불 들끓는 생지옥이었다. 1930년대라곤 하나 아무려니 과학이 일찌감치 발달한 문명국에서 벌어지는 일이라고는 믿어지지 않아 자꾸 의식을 바로잡고 화면을 직시하곤 했다. 작가 오정희도 이 대목에서 필시 눈물을 쏟았으리라. 그곳은 인간성을 말살하기 위한 생체실험실의 다른 이름이었다. 그곳에는 법도 의술도 눈물도 존재하지 않았다. 오직 사람의 탈을 쓴 악귀들만 떠돌고 있을 뿐.

자넷은 8년간이나 그곳에 묶여있으며 아까운 영혼을 소진했다. 그녀는 그곳에서 2백 번 이상의 전기충격을 받았다고도 회고했다. 다행히 입원 전에 쓴 작품이 인정을 받고 정상 참작이 되어 이가 뽑히기 직전, 그녀는 아슬아슬하게 그곳을 빠져나올 수 있었다.

그 당시 뉴질랜드의 문학적 풍토는 의학보다 한 수 우위였던지 자넷의 단편 「산호초」가 휴버트 상을 수상하게 되고 그 부상으로 유럽여행이 주어졌다. 자넷은 스페인에서 자신처럼 여행 중인 미국 시인과 사랑에 빠지게 되고 그 달콤한 시간은 가슴에 상흔을 남긴 채, 전광석화처럼 사라져버린다. '시와 음악처럼 나는 진짜 사랑을 했어, 이제 내 삶의 이력에 대한 답을 내야 할 때가 왔어……' 아릿한 첫사랑의 상실감으로 자살 유혹을 느낀 자넷은 자발적으로 정신병동으로 걸어 들어간다. 그곳에서 자넷은 까무러칠 만큼 큰 충격을 받고 절규한다.

"진실이 거짓보다도 더 두려워!"

긴 세월, 자신의 젊음을 통째로 삼킨 정신분열증이 오진이었다는 것이다.

잎맥처럼 투명한, 때론 칼날처럼 번득이는 자넷의 감수성은 영혼의 집을 짓는, 모든 이의 숙명임을 뼈저리게 느끼고 있다.

영원한 자유인, 랭보

글은, 영혼으로 쓰는 것일까, 체험에서 우러나는 것일까? 하고 나는 때때로 어리석은 자문을 하곤 한다.

'시를 건진다'는 표현을 썼다가 절친인 젊은 시인으로부터 몹시 무안을 당한 적이 있다. "시는 가볍게 건지는 것이 아니라 온몸에서 짜내는 것이에요."라고 진지하게 항변해오는 것이었다.

혁명적 천재 시인 랭보를 다룬, 아니예츠카 홀란드 감독의 〈토탈 이클립스(Total Eclipse)〉는 예리한 칼끝처럼 벼려있는 시인의 생태를 생생하게 해부한 영화이다.

파리 문단에서 이미 문명을 떨친 폴 마리 베를렌느는 1871년 9월 어느 날, 랭보로부터 8편의 시를 받아보게 된다. 베를렌느는 랭보의 시를 보자마자 그의 천재성을 발견하고 "위대한 영혼, 내게 오소서, 이는 운명의 부르심이나이다."하고 대뜸 연락을 취한다.

권태로운 일상에서 벗어나고자 몸부림치던 베를렌느에게 솜털이 보송보송한 16살 랭보는 훨훨 창공을 날아다니는 자유분방한 한 마리 새로 다가왔다.

배우 레오나르도 디카프리오도 16살의 앳된 랭보 역을 완벽하게 소화했다. 타이타닉에서의 어설픈 애인 역보다 감수성 예민한 랭보의 역할로 빼어난 연기력이 최고조에 이른 듯했다.

베를렌느는 어린 랭보에게 파리 문단을 소개하고자 하지만 랭보는 보수적인 기존의 체제에 몸담기를 극구 거부한다. 단지 랭보에게 관심 있는 것은 시집 출판도 아니고 '시 자체'일 뿐이었다. 요즈음의 문단에서 마구잡이로 쏟아지는 책들을 생각하면 발이 저린 부분도 없지 않다.

랭보는 술주정뱅이 아버지 때문에 가정이 평화롭지 못했다. 잦은 가출 끝에 어느 날, 호숫가에 쓰러져 죽어있는 러시아 병사를 보고, 시를 써야겠다는 깨달음이 왔다고 한다. 이 시대 최고의 시인이 되려고 몸으로 모든 것을 체험하기로 작정하였다. 평범한 한 인간으로 사는 것을 거부하고 모든 사람을 아우르는 인간이 되고자 노력했다. 즉 초인이 되어 미래의 근원이 되고자 뜻을 세웠다.

베를렌느의 처가 덕에 의식주를 해결하면서도 랭보는 당대의 시인들을 저주한다. "이 도시의 비극은, 시인이란 놈들이 보통의 부르주아보다 더 부르주아인 데 있다."고

"내가 정말 참을 수 없는 것은, 참지 못 할 일이 없다는 것이야!"라고 랭보는 절규한다.

선천적으로 방랑벽이 있는 랭보는 "태양을 원해, 사막을 건너고 싶어." 집을 떠나서 가장 자유롭고 행복했다며 신혼의 베를렌느를 꼬여낸다.

이미 절망의 나락에 빠져있던 베를렌느는 단안을 내린다. 생계를 자신이 책임지기로 하고 젊은 피가 끓는 랭보를 통해서 시적 영감을 되찾고자, 가정을 버리고 런던으로, 브뤼셀로 기행을 떠난다.

현대에도 인정받기 힘든 동성애를 100여 년 전, 랭보와 베를렌느는 눈물겹게 지속한다. 시에 대한 강렬한 집착이 광적인 육체탐미로 이어져, 마침내 서로의 영혼을 갉아먹는 상태에 이르고 만다. 진보적인 랭보는 보수주의적 쾌락에 이미 한발을 깊숙이 빠진 베를렌느를 떠나고자 여러 차례 시도를 한다. 허나 이미 랭보에게 영혼조차 팔아버린 베를렌느의 집착에서 벗어나기가 호락호락하지 않다.

많고 많은 시인 중에 왜 하필 자신을 선택했냐는 베를렌느의 물음에 랭보는 입가에 조소를 띤 채, 베를렌느의 손길을 뿌리치며 싸늘하게 내뱉는다.

"나는 무엇을 말할까를 알고 있었지만, 어떻게 말할까는 당신이 잘 알고 있었지, 난 단지 당신에게서 그걸 배우려는 의도였어!"

자유를 갈구하는 랭보는 끝없이 꿈을 꾼다. 끝을 헤아릴 수 없는 까마득한 사막 위로 얇은 샤 두루마리가 바람에 휘날리고 있다. 지평선 위로 떠오르는 태양의 빛으로 천은 천천히 붉게 물들고 있다. 이상향을 헤매다 잠에서 깨어나면 랭보는 동성연애를 하고 있는 비참한 현실로 돌아온다.

떠나려는 랭보를 잡아두기 위해 베를렌느는 부인과 이혼을 결심한다. 그러나 손가락 사이로 빠져나가는 물 같은 랭보의 마음을 좀처럼 붙잡을 수 없다. 급기야 베를렌느는 술에 취해 총을 쏴 랭보의 손바닥에 구멍을 내고야만다. 경찰의 조사 끝에 항문에서 동성연애의 흔적이 발견되고 이혼당한 베를렌느는 2년의 세월을 철창 속에서 보내게 된다.

모처럼 자유의 몸이 된 랭보는 꿈에도 그리던 아프리카로 건너가 이디오피아에서 10년을 보낸다. 그러나 아이러니한 것은 랭보가 베를렌느와 보낸 3년 동안 이외에는 단한 줄의 시도 쓰지 않았다는 것이다.

랭보의 누이동생이 랭보의 부고를 갖고 찾아왔을 때, 베를렌느는 랭보와 여행했던 행복했던 2년간을 회상한다.

"그와 함께 최고의 작품을 썼다는 것이 내 생애에서 가장 중요한 일이었다. 그는 진보의 기수였고, 혁명적 천재였다. 그는 부드러운 목소리로 회한이 가득한 죽음이나 분명히 존재하는 불행한 인간에 대해, 떠남의 고통과 책임에 대해, 우리가 취해 누운 헛간을 둘러보며 흐느꼈다. '가난한 족속들……' 하며, 나는 그를 따라갔다. 그래야만 했다."

베를렌느는 아내보다 더 사랑했던 랭보의 죽음 앞에 망연자실했다. 첫 만남에서 둘이 기울였던 '시인의 세 번째 눈'이라 불리는 칵테일 '압생트'를 두 잔 주문해 놓고 마치 앞에 랭보가 앉아있기라도 하듯 중얼거린다. "자네, 아직도 날 사랑하나?"

랭보가 죽은 후, 베를렌느는 매일 밤 그의 꿈을 꾸었다고 한다. '나의 가장 크고 찬란한 죄악'이라고 랭보를 회상한다.

랭보는 자신이 몸담았던 시대의 낭만주의와 수사적 기교를 버리고 홀로 우뚝 섰던 것이다.

무릎 부상을 입은 랭보는 검은 해안선을 따라 꽃상여 같은 들것에 실려 아프리카를 떠나며 중얼거린다. "강철의 사지와 검은 피부, 분노의 눈으로 나는 돌아간다. 나는 잔인하고 나태했다. 바다는 나의 모든 흔적을 없애줄 거야……."

태양이 찬란히 빛나는 곳을 향해, 눈부신 자유의 깃발을 펄럭이며 시의 혁명가 랭보는 유유히 걸어가고 있다. 그 너머로 푸른 파도가 넘실거리고 있다.

야성(野性)의 순례

집이란 인간에게 있어서 없어서는 안 될 필수 조건
이다. 그런데 그 집이란 것이 과연 외풍으로부터 인간을
보호해주는 순기능만 있는 것일까?

폭력에 갇혀 절해고도에서 떨고 있는 선화(이승연)를
보면 꼭 그런 것만은 아닌 것 같다.

영화 〈빈집〉은 제목처럼 공허하고 무겁다.

마치 몇천 미터 깊이의 심해에서 벌어지는 일들을 대형
수족관에 통째로 잡아넣은 것처럼 적막하고 섬뜩하다.

거친 욕망이 거세된 남녀 주인공들은 박제된 인간처럼
표정이 없다.

이제나저제나 터지려나, 숨 막히게 불어넣던 풍선이
한 방에 폭발하고 만다. 남편이 포악하게 휘두르는 골프
채를 통해 밑바닥에 가라앉은 분노를 표출해내고 있다.
거칠게 날아가는 골프공이란 상처 입은 자아의 다른 이름

에 불과하다.

각본까지 직접 쓴 김기덕 감독은 감독이 되기 전엔 그림을 그렸었다. 그런 영향인지 그가 만드는 영화의 화면을 하나씩 뜯어서 보면 그대로 한 폭의 그림이 된다.

특히 〈빈집〉 화면의 선 처리는 비정미의 최고 경지에 이른다.

태석(재희)이 몰래 숨어들은 저택에서 태석과 선화는 그림자처럼 동거한다. 선화가 숨어서 태석을 몰래 관찰하는 장면의 선들은 몬드리안의 차가운 추상화처럼 날이 시퍼렇다.

이 영화의 특이한 점은 또 하나 있다.

주인공 대사를 줄여 마치 마임 공연을 보는 느낌이다. 최소한의 대사만으로 관객에게 객관적(?) 화면을 보여줄 뿐이다. 보고 받아들이는 것은 각자의 몫 이런가.

감독은 이 영화를 통해 무얼 말하려 했을까? 불친절하기 짝이 없다. 천태만상의 인간군상을 해부하던 것은 아니었을까? 인간사에서 벌어지는 일들은 하루하루가 모두 전쟁처럼 치열하다. 〈빈집〉은 인간들의 야성을 떠내는 거푸집일 뿐이다.

주인공 태석의 인물 설정이 재미있다. 무협영화에서나 나올법한 신출귀몰한 무술의 고수인가? 전과 없는 고학력에, 인물까지 출중한 위인이 오토바이를 타고 다니면서

광고 전단지를 붙인다. 그리고 전단지가 그대로 붙어있는 빈집을 골라 문을 따고 스며든다.

마치 제집처럼 샤워를 하고 냉장고에서 찬거리를 꺼내 밥을 지어 먹는다. 시들어가는 화분에 물을 주고, 빨랫감을 모아 손빨래를 하고, 고장 난 체중계, 장난감, 시계 등을 신명 나게 고치는 장면은 태석의 선량함을 말해준다.

남편의 폭력에 시달리던 선화는 태석이 숨어들고부터 대리석 조각 같던 얼굴에서 미세한 표정이 살아난다. 몰래 태석의 뒤를 쫓으며 자신의 핏줄 속에도 온기가 번져 화색이 돈다. 화면을 쫓다 보면 자연스레 이승연의 표정 연기에 빠져들게 된다. 고뇌에 빠진 선화의 얼굴에서 처참하게 찢긴 여성의 존엄성을 엿보는 일은 차라리 형벌이었다.

집을 탈출해 태석의 오토바이를 같이 타고 낯선 집에 숨어들며 선화의 피폐한 감성도 살아난다. 그녀도 태석처럼 손빨래를 하고 찬거리를 다듬어 찌개를 끓이고 안락한 잠자리에 든다. 거죽만 번지르르한 고대광실 보다 낡고 비좁은 공간에서도 사람답게 살 수 있는 것이 행복이라는 걸 깨닫는다.

어느 날, 태석과 선화는 재개발 직전의 허름한 아파트에 잠입한다. 방문을 열어 본 둘은 기절하듯 놀란다. 그 방엔 피를 쏟고 죽은 노인의 시체가 있었다. 참으로 아이러니한 것은 자식조차 지키지 못한 임종을 강아지 한 마리가 눈을 반짝이며 지키고 있는 것이 아닌가. 머리맡에 적힌 번호로 전화를 걸자 유쾌하게 들려오는 자동응답기 소리.

'우리 가족은 지금 제주도 여행 중입니다.'

선화는 노인의 시신을 깨끗이 닦아내고 삼베 수의를 곱게 입혀 입관을 시킨다. 불효자를 대신해 공들인 보람도 없이 결국, 태석과 선화는 살인죄를 덮어쓰고 경찰서에 끌려가고 만다. 선화는 다시 남편 곁에 갇히고 태석은 감방 안에서도 체력단련에 열심이다.

형을 마치고 선화 곁으로 돌아온 태석은 그야말로 자유인이 되었다. 육체를 맘 가는 대로 나타내고 숨긴다. 태석이 돌아온 후, 선화의 얼굴에도 평화로운 미소가 깃든다. 몸을 숨긴 채, 태석은 선화 부부와 함께 밥을 먹고, 음악을 듣고, 잠을 잔다.

마지막 장면이 오래도록 뇌리에서 떠나지 않는다.

'우리가 사는 세상이 꿈인지 현실인지 알 수가 없다.' 감독은 절망적으로 되뇐다.

태석이란 인물은 소외돼 고통받는 인간의 곁에 내려온 천사가 아니었을까?

생명(生命), 그 무한한 존엄성

5월의 신록은 눈부시게 피어오르는데 여기저기서 가슴 저린 보도가 빗발치고 있다.

아흔이 넘은 노인이 3년 넘게 병수발 들던, 치매 걸린 아내의 목숨을 끊고 자신도 따라서 음독자살을 했다. 생활고에 허덕이던 4가족의 가장이 승용차 안에서 발버둥치는 아이들에게 수면제를 먹이고 아내와 손을 꼭 잡고 숨졌다는 뉴스도 있다. 어디 이뿐인가. 앞길이 창창한 청소년들이 성적을 비관해서 고층 아파트에서 종이비행기처럼 가벼이 몸을 날리고 있다. 그리고 2천 9년 5월 23일, 안타깝게도 노무현 전 대통령이 봉화마을 사저 뒤, 부엉이바위에서 몸을 던져 자연으로 돌아갔다.

97년 칸영화제에서 황금종려상을 수상한 압바스 키아로스타미 감독의 〈체리 향기(The Taste of Cherry)〉는 한 남자가 자살을 시도하려는 간단한 줄거리를 이란의 황톳길을 배경으로 섬세하게 찍은 영화이다.

한 사내가 자동차를 몰고 황량한 벌판을 달려간다. 사막의 황토 바람이 휘몰아치는 뿌연 화면 속에서 주인공 바디는 자신의 시신을 묻어줄 사람을 찾아내고자 방황한다. 영화 중반부까지도 도무지 제목이 상징하는 체리 향기는 풍겨올 기미가 없다. 이즈음에서 성미가 급한 사람은 화면을 꺼버릴 수도 있을 것 같다. 프랑스 영화처럼 관람자의 끈질긴 참을성을 필요로 하나 보다.

압바스 키아로스타미 감독이 직접 각본도 쓴 이 영화는 작자의 의도가 적확하게 찍혀 고스란히 화면 속에 녹아 있다. 생명의 존엄성을 다룬 영화이니 만치 어느 장면 하나 소홀함이 없다. 그렇다! 목숨의 소중함은 아무리 강조해도 지나침이 없다. 우리 동양적 사고로는 '신체발부 수지부모 감불훼상 효시지야(身體髮膚 受之父母 敢不毁傷 孝之始也)' 부모님이 낳아주신 몸을 털끝만큼이라도 상하지 않게 하는 것이 효의 시작이라고 했다.

바디는 차를 몰고 자신의 시신을 묻어줄 대상을 찾다 제일 처음 농부와 만난다. 가난한 농부에게 평생 먹고도 남을 돈을 대가로 주겠다고 하자 농부는 어떤 일인가를 꼬치꼬치 묻는다. 가능성이 희박하다는 것을 알아차린 주인공은 "일꾼에게 땅을 파라고 시킬 때, 뭘 지을지 묻던가? 병원을 지을 건지, 학교를 지을 건지."라는 반문을 남긴 채, 이미 시선은 다른 사람을 물색하고 있다.

두 번째로 만난 인물은 귀대를 위해 몇십 리를 걸어온 지친 군인이다. 주인공 바디가 자신이 묻힐 구덩이를 보여주자 피곤함에 절은 군인은 자신의 처지가 아무리 어렵더라도 그런 옳지 못한 일에 관여할 수 없다며 차에서 내려 도망치듯 진흙 구릉을 달려 내려간다. 허탈한 사내는 때마침 창공을 향해 날아오르는 새떼를 올려다보며 자신의 처지에 더욱더 절망하고 있는 걸까? 이제 그의 표정은 굶주린 맹수처럼 섬뜩한 적의를 드러내고 있다.

세 번째 만난 신학생은 여름방학에 단순노동을 하고 겨우 2천 토만을 벌어 학비에 보탠다고 했다. 바디는 20만 토만을 줄 테니 자신의 부탁을 들어달라고 하자, 차분하게 생긴 신학생은 코란에 들어있는 자살에 관한 대목 '인간은 자신을 죽일 수 없다. 육신은 하느님이 인간에게 위탁한 것이기 때문에 학대하면 안 된다'는 것을 들려준다.

바디는 진정한 모슬렘으로서 자신을 이해해달라고 신학생을 설득하려 한다.

"불행하게 사는 것도 때론 큰 죄가 되지, 자신은 물론 가족과 친구 등 다른 사람까지 괴롭히게 되지!"

바디의 간청을 신학생은 한마디로 거절한다. "남을 죽이는 것과 자신을 죽이는 것이 어떻게 다르죠? 자신을 죽이는 것도 살인이에요!"

모든 사람으로부터 자살 방조를 거절당한 바디는 시멘트공장의 석회석 분쇄기가 돌아가는 모습을 우두커니 지켜보며 죽는 것도 사는 것 못지않게 어려운 일임을 절감한다. 분쇄기 속으로 떨어지는 돌덩이들이 저무는 해를 등지고 망연자실 언덕 위에 서 있는 바디의 그림자를 일그러뜨리고 있다. 뿌옇게 일어나는 먼지 속으로 바디의 실체마저 삼켜지고 있다. 희미하게 드러나는 사내의 얼굴은 그동안 10년은 더 늙어 보인다.

주인공 바디가 만난 몇몇은 모두 죽고 싶은 바디의 상황을 이해하려 하지 않았다. 사정을 들어보기도 전에 사내로부터 도망칠 생각에 바디의 아픔을 자신의 몫처럼 끌어안는 수고를 하지 않았다. 어쩌면 바디가 끊임없이 내뱉는 '죽고 싶어, 죽고 싶어!' 하는 절규는 삶에 대한 간절한 애착이 역으로 표현된 것일지도 모르겠다. 가장 좋은 카운슬러는 내담자의 얘기를 귀담아 잘 들어주는 사람이라는 것을 보더라도….

드디어 바디는 목숨을 건져줄 임자를 만나게 된다. 다른 사람과 달리 노인은 처음부터 흔쾌히 부탁을 들어준다. 내일 해가 떠오르면 바디의 시신을 구덩이에 묻어주겠다고…… 그리고 바디를 설득한다.

사막에서 35년간을 갇혀 살았다는 노인은 바디의 청을

듣자, 감상은 더욱더 중요한 곳에 쓰라는 충고와 함께 자신의 얘기를 들려준다.

1960년, 노인은 빈곤한 생활을 비관해서 동이 트기 전에 산에 올라 나무에 목을 매려 했다. 그러나 온 산을 덮은 운무 때문에 밧줄이 단단히 매이지 않아 자신의 의지와는 달리 숨이 끊어지지 않았다. 태양이 떠오르며 주위의 사물이 어렴풋이 눈에 들어오고 어디서 달콤한 향기가 번져왔다. 체리 향이었다. 밧줄을 맨 나무가 노인의 목숨을 구한 체리나무였던 것이다. 체리를 한 알 따서 입에 넣자 달콤새콤한 맛이, 인생은 아직 살만하다는 깨달음을 몰고 왔다.

노인은 노회한 눈빛으로 바디에게 묻는다.

"당신, 터키인이지? 몸은 괜찮은데 마음이 병들었어, 생각을 바꾸면 세상이 달라 보여"

자연사 박물관 박제실에서 일하는 노인은 바디의 골격을 꿰뚫어 보았던 것이다. 한창때의 인생은 달리는 기차와 같다며 종착역은 바로 죽음이라는 것을 상징적으로 비유한다.

좀 전의 사람들과는 달리 노인은 무미건조한 황톳길을 버리고 다른 길로 가자고 한다. 그 길은 아름다운 단풍으로 물든 계곡이었다. 바디가 가고자 했던 죽음의 길과는 달리 활기차고 눈부신 세상이 펼쳐지고 있다.

"우리는 모르는 사이지만 당신이 세상을 떠나도, 남아도 난 친구요, 어떤 경우든 난 당신의 친구요!"

노인이 걸어 들어가고 있는 박물관의 아치문이 마치 뭉게구름처럼 아름답게 피어오른다. 당초문양으로 장식한 창살 사이로 노인의 마음처럼 따뜻하고 환한 빛이 투과된다.

그날 밤, 천둥이 치고 정전이 되고 구덩이 안에 누운 바디의 얼굴이 번개가 칠 때마다 번쩍번쩍 드러난다.

사랑의 방정식

또다시 입시 철이다.

찬바람에 쓸려 갈잎들이 후미진 곳으로 쌓여가며 겨울이 깊어지고 있다. 인생은 단거리 경주가 아니다. 우리가 평생 살아내야 할 미세한 발걸음의 축적이다. 나폴레옹도 '불행은 자신이 잘못 보낸 시간의 보복'이라는 유명한 금언을 남기지 않았던가.

임상병리학을 전공한 한 후배로부터 최근에 희한한 소리를 들었다. 극도의 자폐증을 앓는 한 환자는 책을 첫 페이지부터 끝까지 단숨에 읽고 복사하듯이 한자도 빠짐없이 구술한다고 한다. 특히 수치 계산은 컴퓨터보다 빨라 지금으로부터 몇백만 초 이후의 날짜는 몇 년, 몇 월, 며칠이라는 정확한 답을 순식간에 낸다는 것이다. 더군다나 그 친구는 밥과 반찬을 번갈아 먹어야 한다는 것조차 모르는 정상적인 생활을 전혀 할 수 없는 사람인데도 말이다.

영화 〈뷰티풀 마인드〉의 주인공 '존 내쉬'도 어쩌면 대뇌가 지나치게 발달한 사람은 아니었는지…….

제목이 '아름다운 마음'이라는 것이 내용에 비해 너무 약한 것이 아닌가 하고 생각했었는데, 지금의 내 생각은 전혀 달라져 있다. 우리가 세상을 잘 살아가기 위해서는 이성과 감성을 고루 갖추어야 한다. 그런데 우리나라의 교육제도에서는 이성을 절대적인 위치에 놓고 감성은 있으면 더 좋은 덤처럼 생각한다. 주인공 내쉬도 이미 초등학교 선생이 지적했듯이 감성은 부족하고 극도로 이성(특히 수리력)이 발달한 사람인데 감성이 뛰어난 부인을 만났기 때문에 자신의 결함을 뛰어넘어 노벨상까지도 탈 수 있었다.

1947년 9월, 프린스턴 대학의 입학식에서 학장은 2차대전의 승리와 의학, 경제학, 우주공학의 발전을 수학자들의 공으로 돌리며 입학생들에게 아인슈타인 같은 훌륭한 수학자가 되라고 격려한다.

'기호 암호학'을 전공하는 넬슨과 내쉬는 카네기 장학금을 나눠 탄 수재로 명성이 자자하다. 그러나 내쉬는 '쓸데없는 지식을 외울 바에야 세상 돌아가는 진리에 시간과 정열을 투자하겠다'며 따분한 수업에 들어가지 않는다. 기숙사에 홀로 남아 유리창에다 창밖에서 벌어지는 모든

현상을 수학적으로 풀어내기 시작한다. 빵 부스러기를 서로 먹으려고 다투는 비둘기 떼, 풋볼 하는 학생들, 지갑을 훔친 도둑을 쫓는 여자 등의 내쉬 눈에 비친 일상사 모두가 수학방정식으로 대체된다.

외톨이로 방정식에만 빠져있는 내쉬를 친구들은 골려먹기 시작한다. 낯선 여자에게 잠자리에서 액체 교환을 하자는 제의를 하게 해서 따귀를 맞게도 만든다. 어느 날, 천진무구한 내쉬를 꼬드겨 캠퍼스에서 가장 도도한 여자를 찍어 미팅을 주선하게 만든다. 그러나 내쉬는 '경쟁에서 개개인의 야망은 집단 이익에 이바지한다'는 애덤 스미스의 경제 이론을 반박하고 '최고의 이익은 개개인이 최선을 다하면 실현된다.'고 친구들의 코를 납작하게 만든다. 후에 이 이론을 토대로 발전시킨 논문으로 노벨 경제학상까지 수상하게 됐다.

수업에도 소홀하고 학회지에 논문도 발표하지 않는 내쉬를 지도 교수는 "연구실에 처박혀 있다고 문제가 풀리지 않는다. 바깥세상에서 해결의 기미를 찾아야 한다."고 호된 나무람을 한다. 수학자라면 누구나 갈망하는 윌러 연구소의 추천서도 물론 써주지 않는다.

내쉬가 연구실에서 담 밖의 세상을 등지고 수학 방정식과 씨름하는 사이, 창밖으로 낙엽이 구르고, 함박눈이 내리며 시간은 빠르게 흘러간다.

5년 뒤, 드디어 내쉬는 150년 된 애덤 스미스의 경제 논리를 뒤엎고 자신의 독특한 경제 논리를 도출해 낸다. 이어서 미국 국방성의 윌러 연구소의 팀 닥터가 된다. 내쉬에게는 소련의 무전을 감청하고 그 속에서 암호를 찾아내 해독하는 1급 비밀의 업무가 주어진다. 오늘의 지성이 내일의 지성을 가르친다는 MIT 윌러 국방연구소에서 후진 양성에도 힘을 쏟는데, 자신만의 독특한 교수법으로 제자들을 당혹스럽게 만든다. "다변수 함수에서 볼 수 있듯이 문제 해결에는 여러 가지 방법이 있다."며 과제 풀이에 평생이 걸릴 수도 있다고 연구의 어려움에 대한 언질을 준다.

　　내쉬는 암호 해독에 오랜 시간을 보내며 극도의 자폐증과도 같은 환각에 시달리게 된다. 정신병원을 넘나들며 치료를 받아보지만, 이미 내쉬의 머릿속은 숫자로 뒤죽박죽이 되어 일상생활이 불가능한 폐인이 되어 간다. 학문에 대한 열정과 순수함을 지닌 내쉬에 반해 결혼한, 제자 엘리샤는 남편의 착란으로 인해 아들 생명까지도 위태롭게 되자 내쉬 곁을 떠날 결심을 하게 된다. 자신의 머리를 짓찧으며 절규하던 내쉬는 떠나간 줄 알았던 아내가 돌아오자 엘리샤를 부둥켜안고 환각에서 벗어날 각오를 단단히 한다. 모교인 프린스턴으로 되돌아와 도서관 한 귀퉁이를 허락받은 내쉬는 스트레스가 환각을 유도한다는 사실을 깨닫고 과거의 망령을 뿌리치며 힘겨운 연구를 거듭한다.

1978년, 드디어 '내쉬균형'이라는 이론을 완성해 그것으로 후에 노벨 경제학상까지 받게 된다. '내쉬균형'은 국제 무역협상, 국제 노동문제, 진화 생물학에 오늘날까지도 여전히 이용된다고 한다.

노벨상 위원회에서 파견된 사람이 내쉬에게 여러 가지 질문을 하며 적임자인지를 검증하려 하자 "미친 사람이 아닌가 의심스럽죠?"라는 조크를 보낸다. 그때, 많은 교수들이 내쉬의 테이블로 다가와 존경의 표시로 만년필을 놓고 간다. 테이블 위에 만년필이 수북하게 쌓여가며 내쉬의 눈에도 감격의 눈물이 가득 고였다.

1994년 12월, 노벨 경제학상 시상식에서 내쉬는 평범치 않았던 자신의 과거에서, 늘 자신의 심장처럼 가슴속에서 같이 뛰어주었던 아내 엘리샤를 그윽하게 바라보며 수상 소감을 말한다.

"나는 평생을 수(數)를 믿어 왔다. 형이상학적, 비현실적 세계에 빠졌다가 돌아왔다. 무엇이 진정한 논리입니까? 어떤 논리나 이성으로도 풀 수 없는 사랑의 방정식이 나를 구원했습니다. 내 아내는 내 모든 존재의 이유입니다!"

빛을 먹고 여무는 사춘기

충격적이고도 가슴 아픈 일이 보도되었다. 아직껏 그 소년을 생각하면 한밤중에도 벌떡 일어나 앉게 된다.

가엾기 그지없는 그 소년은 엄마의 시신을 곁에 눕혀놓고 여름부터 6개월을 지냈다고 한다. 아버지는 일찍 돌아가시고 병든 몸으로 다방 주방 일을 하는 엄마는 일주일에 한두 번 소년의 곁으로 돌아왔다. 당뇨병을 앓던 엄마가 세상을 뜨자, 천지에 혼자 남겨진 소년은 막막하고 막막해서 어쩔 줄 몰라 하다, 엄마의 주검에 이불을 덮어 침대 위에 그대로 방치했다고 한다.

정신과 의사는 소년의 심리를 '판단력이 마비되어, 처한 상황을 현실로 받아들이지 않으려는 부정적 심리가 강하게 발동하는 공황상태'라고 진단했다.

엄마의 숨이 끊어지고, 피가 마르고, 살갗이 잦아들고 끝내 부패했을 것이다. 그러나 소년에게는 엄마의 죽음이 몰고 온 외로움이 지독한 악취보다도 더 크게 가슴 속을 파고들었을 것이다.

강문 감독의 중국영화 〈햇빛 쏟아지던 날들〉은 혈관 속을 흐르는 피도 투명하게 비칠, 감수성 예민한 16세 소년 '마소군'의 성장영화이다. 오래전에 보았던 이 영화가 소년의 보도를 듣는 중에 전광석화처럼 머릿속을 스쳐 갔다. 이 영화는 1996년, 33회 금마장 6개(남우주연, 작품, 감독, 각색, 촬영, 음향효과) 부문 수상작이다.

청소년기는 한 인간의 전 생애를 좌우하는 시기라고 해도 과언이 아니다. 아슬아슬하게 통과하는 사춘기의 살얼음판 같은 감각을 카메라는 물 흐르듯 유연하게 좇고 있다.

70년대 중반, 청년들은 군대에 끌려가고 자동차도 호텔도 없는 북경의 번화가는 텅 비어 있다. 그늘 한 자락 없이 땡볕이 내리쬐는 거리는 오로지 소년들의 세상이 된 것이다.

군인인 아버지는 지방으로 발령이 나 떠나고, 교사였던 엄마는 만삭의 몸으로 공장에 다니느라 짜증스러운 나날을 보낸다. 마소군이 풍선처럼 불어대던 콘돔에 구멍이 나서 원치 않는 임신을 하게 된 엄마는 "네가 닭이었으면 벌써 잡아 죽였을 거야!" 하며 자신의 분을 아들을 향한 독설로 쏟아낸다. 자기 속으로 낳은 자식이라고 하여 함

부로 내뱉는 말은 아이들에게 비수가 되어, 치유할 수 없는 상처로 남는다.

마소군에게는 나른한 오후의 학교 수업도 재미없기는 마찬가지였다. 선생은 학생을 인격체로 대하기는커녕 자신의 권위에 대항하지 않고 조종만 당하는 로봇이기를 바랄 뿐이었다. 집에서나 학교에서나 천덕꾸러기인 마소군은 학교를 몰래 빠져나와 인근의 덩치 크고 힘센 불량 청년들과 어울린다.

마소군은 자신의 외로움과 무료함을 덜어내는 방법으로 자물쇠를 열고 어른들의 비밀을 엿보기 시작한다. 점차 자신이 붙은 마소군은 쇠를 갈아 만든 열쇠로 비어 있는 부잣집에 잠입한다. 저녁 식사가 차려진 식탁에서 맛깔스런 만두를 간장에 찍어 먹고 포만감에 젖은 마소군은, 정갈한 침대에 누워 나른한 오후를 꿈속에서 보내곤 한다.

어느 날, 마소군은 몰래 들어간 한 집에서 복사꽃같이 탐스러운 여인의 사진을 발견한다. 첫눈에 넋을 빠트린 마소군은 매일 같이 그 집에 들러 그 여인을 향한 연정을 키워간다. 그러던 어느 날, 운명처럼 사진의 주인공 미란과 조우한다. 살랑대는 봄바람이런가, 상큼하게 내뿜는 치약 향기이런가, 아슴푸레 가슴으로 젖어 드는 우윳빛 안개이런가, 멀리서 미란을 바라보는 그의 눈빛이 간절하다.

원숭이처럼 날렵하게 지붕을 타고 이동하는 마소군의 실루엣이 고적한 한 폭의 초상으로 클로즈업된다. 설렘과 기다림으로 반짝이는 표정이 섬세하기 짝이 없다. 미소년의 가녀린 떨림이 화면 가득 생생하게 묻어났다.

과연 남우주연상을 받을 만하다. 배우 '하우'는 이 영화로 1994년 베니스 영화제와 싱가포르 국제영화제 등에서 남우주연상을 휩쓸었다. 펑퍼짐한 코에다 째진 눈매며, 이를 드러낸 선량한 웃음까지 전형적 몽골리안인 '하우'는 자전적 영화를 찍은 것처럼 천연덕스럽게 사춘기 소년 역을 소화해냈다.

마소군은 자전거 뒤에 미란을 태우고 짙푸른 가로수 잎이 수런거리는 길을, 옷자락을 휘날리며 달려가고 있다.

"내 생애 가장 아름다웠던 순간, 아침에 싱그러운 바람이 내 몸을 휘감을 때, 그윽했던 황초의 향기, 나는 그 향기를 잊지 못한다."

대사를 줄이고 정치된 화면을 기술적으로 연결해 놓은 것이, 마치 멋진 예술사진첩 페이지를 넘기는 것 같다. 달빛이 눈처럼 쏟아지고 마소군과 악동들이 기왓장을 타고 앉아 부르는 세레나데는 압권이다.

영롱한 달빛에 맘 설레어 어둔 밤 헤맸다네
이 아름다운 밤에 바람만이 노래 부르네

달빛은 밝고 난 갈 곳 없어

아름다운 밤 지나고 여명이 다가오네

그녀의 행복을 간절히 빌어보지만

모스크바의 그 밤을 잊을 수가 없네······

20년이 훌쩍 지난, 번화한 북경 거리를 오픈 벤츠 한 대가 미끄러지듯 로터리를 돌고 있다. 유쾌하게 양주잔을 부딪는 말쑥한 신사들은 마소군과 친구들이 분명하건만, 이미 풋풋함이 사라진 얼굴엔 번지르르한 윤기만 흘러 북경 거리의 변화와 함께 사람도 변했음을 말해주고 있다.

아, 눈물 나게 그리운 악동들이여······.

corcaroli & tulip
mode wardrobe

비밀과 거짓말

한파가 몰아닥쳐 한반도 전체가 꽁꽁 얼어붙었다. 삼한사온은 옛말이고 15한(寒) 0온(溫)이라고 해야 할지. 게다가 황우석 교수의 '환자 맞춤형 배아줄기 세포' 때문에 국민이 겪는 절망의 체감온도는 영하로 곤두박질치고 있다. 이 사건을 걱정하는 어느 사회학자는 '국민적 공황'이라고까지 표현하고 있다.

이 물리적 추위는 세계 최대의 담수호인 바이칼호 부근의 한랭전선에서 비롯된다지만 생명과학 분야의 이 깊은 소용돌이는 어디서부터 비롯된 것일까? 워싱턴 타임스는 '생물학 주제 리얼리티 쇼' 같다는 표현도 서슴지 않았다. 자연 과학의 문외한인 나는 색다른 뉴스가 없을까? 하고 온통 귀를 세우는 나날이다.

거짓말은 또 다른 거짓을 낳게 하고 그 꼬리를 감추려면 또 다른 거짓말이 보태져서 끊임없이 쳇바퀴 돌듯이 꼬리가 물리고 만다. 밤낮을 모르고 실험실에만 박혀있던 황 교수에게 그간 무슨 일이 일어났던 것일까? 그의 업적이 세계적으로 드러났을 때도 가족에 관한 얘기는 일절 알려진 것이 없다. 그의 실험실 연구원들이 살붙이보다도 더 가까운 역할을 했었나보다고 막연히 짐작만 했으나 황 교수의 해맑은 웃음 뒤의 허전함과 쓸쓸함이 자꾸 크게 번져 내 눈을 흐려왔었다.

〈비밀과 거짓말〉은 어느 가족의 얘기이다. 사회를 이루는 가장 작은 단위의 공동체가 가정이다. 너무나 친근하므로 우리는 가족의 소중함을 종종 잊고 살아가고 있다. 가족의 사랑을 듬뿍 받고 자란 사람은 사회생활을 원만하게 하며 개인의 성취도 무난히 이뤄내고 있다. 그러나 특히 영유아기에 부모의 사랑을 제대로 받지 못한 사람은, 성인이 되어서도 대인관계가 원만하지 못할뿐더러 결혼을 하고서도 제대로 가정을 이끌어 나가지 못하는 것을 주위에서 종종 볼 수 있다.

'신시아로즈'는 딸과 단둘이 사는 미혼모이다. 애인까지 있는 과년한 딸, '록산'에게 신시아는 시시콜콜 참견을 한다. '이것 먹어라, 저것 입어라, 남자친구는 언제 데려오느냐, 콘돔은 탄탄한 걸 쓰고 있느냐?'

끊임없는 엄마의 잔소리에 딸은 체머리를 흔들며 엄마

가 사라져주기를 학수고대한다. 세상의 모든 엄마들은 육감적으로 딸의 속을 꿰뚫어 볼 수 있는 법이다. 신시아도 비정상적으로 괴팍한 딸의 심사를 훤히 꿰고 있다.

"딸애의 생일 선물로 제일 좋은 것은 내가 차에 치여 죽는 것하고, 전자레인지에 머리를 처박는 것 이외엔 없을걸."

사진관을 하는 신시아의 남동생이 하나밖에 없는 조카 록산의 생일 선물을 걱정하자 신시아는 자조적으로 내뱉는다.

신시아와 딸이 사는 공간은 허름하고 비좁다. 그럴 수밖에 없는 것이 엄마는 여공이고 딸은 환경미화원이다. 적은 수입으로 살아가는 하층민의 비참할 정도로 찌들은 모습이 화면 가득 메워온다. 관객의 숨통을 조여 오는 것은 그들의 환경이 아니라 모녀의 정떨어지게 냉담한 대화이다. 모녀는 눈만 마주치면 불같은 적개심을 드러낸다. 그들의 내부에서는 상대에 대한 저주가 용암처럼 끓어오르고 있다. 이건 가족이 아니라 철천지원수끼리의 만남으로 보인다.

부모를 일찍 여의고 신시아가 키우다시피 한 남동생은 사진관을 경영하며 윤택하게 살고 있다. 그러나 집안의 냉랭한 분위기는 신시아네 집보다 한 수 위이다. 온종일 온갖 손님들의 치다꺼리로 기진맥진해 귀가한 남편에게,

아내는 냉장고에서 알아서 챙겨 먹으라고 히스테리를 부리며 침실로 들어가 버린다. 남편의 사랑이 식었다고 단정 지은 아내는 홀로 고치를 짓고, 자신을 유폐시키고 있다.

죽지 못해 연명을 하는 신시아 앞에 새로운 딸이 나타나며 그녀의 생활을 뒤바꿔 놓는다.

'엘리자벳 펄리'라는 흑인 여성은 새엄마의 장례식을 치른 후 "슬픔은 이성적인 것이 아니야, 어쩜 자신 때문에 슬픈 건지도 몰라."라며 생모를 찾을 결심을 한다. 그리고 자신을 입양한 기관을 찾아가서 생모 이름(신시아로즈 펄리)과 주소를 알아낸다. 자신의 이름과 생모의 이름이 일치하는 것을 통해 자신과는 달리 생모는 백인인 것을 알아낸다.

오랜 망설임 끝에 전화를 걸자 생모 신시아는 잘 못 걸렸다며 전화를 끊는다. 아주 오래전, 신시아의 16살 적 일이니, 기억 저편으로 까마득히 잊혀진 것은 당연한 일일는지 모른다. 신시아는 예기치 못한 2번의 출산의 악몽을 안고 인생 전체를 소진하고 살았던 것이다. 어린 나이에 흑인의 성폭행으로 낳게 된 흑인 아이를 기억에서 영원히 제거하고 싶었을 것이다. 그랬는데 기억조차 하고 싶지 않은 자신의 불행의 씨앗이 자라 이제 어엿한 숙녀가 되어 나타난 것이다.

신시아는 첫딸, 엘리자벳을 만나며 소녀 적의 명랑했던 품성을 되찾아가고 있다. 죄의식조차 없이 자신이 버렸던 아이가 잘 자라서 검안사가 되어 자신 앞에 나타나자, 신시아는 죄책감에 사로잡히면서도 긍정적인 엘리자벳에 동화되어 즐거운 만남을 갖는다. 자신의 손으로 키운 딸보다 훨씬 더 살갑게 대해주는 엘리자벳에 감동을 한 신시아는 양부모에게 고마움을 표시한다. "새엄마를 인간적으론 좋아했으나 사랑하진 않았어요."라고 말하는 엘리자벳의 옆모습이 쓸쓸하다. 사춘기 시절 생모의 살가운 정을 받아보지 못한 것이 종래 그녀의 가슴을 허전하게 했던 것이다.

신시아의 남동생이 조카 록산의 생일 파티를 자신의 집에서 차려주며 뿔뿔이 흩어졌던 가족의 마음이 한자리에 모이게 된다. 마뜩잖게 생각하는 아내를 달래며 사진사는 독백한다.

"나는 평생 남들 행복을 위해 내 정성을 바쳤는데 정작 내가 사랑하는 사람들과는 서로 증오 속에서 보냈어!"

록산이 엘리자벳의 실체를 알게 될까 전전긍긍하던 신시아는 직장동료로 엘리자벳을 생일 파티에 초대한다. 오랜만에 모인 핏줄들은 서로의 생활을 건성으로 물어보며 의례적인 대화로 시간을 보낸다. 록산은 여전히 엄마 신시아를 구박하고, 신시아는 록산의 남자친구를 못마땅하게 여기고, 아이도 낳지 않고 윤택하게 사는 올케에게 이 죽거리고, 그런 가시방석 같은 사이를 오가며 사진사는 이런 상황을 무마시키느라 진땀을 뻘뻘 흘리고 있다.

늦게 도착한 엘리자벳의 긍정적이고 이지적인 분위기와 자신들의 헐뜯는 모습을 비춰보며 가족들은 마음에 온기가 돌기 시작한다. 록산의 21살 생일 파티를 성대하게 치러주는 동생의 성의에 감동한 신시아는 엘리자벳이 자리를 비운 사이에 실은, 그녀가 자신이 낳은 딸이라고 고백하고 만다. 충격을 받은 록산은 이런 추잡한 일은 있을 수 없는 일이라며 신시아에게 저주를 퍼부으며 집을 뛰쳐나간다. 신시아의 경솔한 행동을 나무라며 이제 다시는 록산을 볼 수 없을 것이라고 올케가 말하자, 되레 신시아는 원망을 쏟아낸다. 애도 안 낳는 것이 자신과 아버지와 동생을 이간질하더니 이제는 딸까지 멀어지게 만든다고 악다구니를 친다. 용암이 분출하듯 이성 밑에 억눌려 있던 원색적인 감정들이 날것으로 뿜어져 나오고 있다. 언젠가는 터져야 할 것들이었다. 체면과 관습 때문에 억눌린 감정들이 모두 분출된 후에는 평상심으로 되돌아오게 마련인 것이다. 올케가 일부러 아이를 낳지 않은 것이 아니라 불임이라는 것을 안 신시아는 충심으로 미안한 마음에 올케를 감싸 안고 오열을 터뜨린다. 자신은 책임 못 질 생명을 여기저기 떨어뜨리고 그 죄책감으로 평생을 옥죄이며 살아가는데, 올케는 낳고 싶어도 낳을 수 없어 자식을 가진 자신을 질투해서 사나운 눈길을 보내왔던 것이 아닌가.

뛰쳐나간 조카를 삼촌은 정류장에서 다독거려 데려온다. "너희 엄마는 너무 어린 나이에 부모님이 돌아가셔서 사랑을 받지 못하고 자란 불쌍한 분이란다. 나는 누님이 공들여 키운 덕분에 이렇게 자리 잡고 잘 살 수 있는 거란다." 외삼촌의 말을 듣고 난 록산은 오래 묵은 의문이 모두 풀리는 순간이었다.

흔들의자에 두 딸을 앉혀놓고 신시아는 오랜만에 가족애를 느껴본다. 록산과 엘리자벳도 비록 피부색은 다르지만 엄마의 피가 흘러서일까, 통하는 얘기가 많다.

"우리가 부모를 선택한 건 이승에서 무언가를 배워서 다음 생에서 잘살기 위해서일 거야." 엘리자벳의 선문답 같은 말이 록산의 가슴으로 흘러드는지, 굳었던 록산의 얼굴에 미소가 활짝 피어오른다.

"진실이 최고야, 그래야 상처받는 사람이 없어지지. 이게 바로 산다는 거야." 사진사 삼촌의 말이 영원한 화두처럼 메아리치고 있다.

홀로 빛나는 별은 없다

이 영화는 제목과는 달리 스타에 초점을 맞춘 영화가 아니다.

이 시대를 고단하게 살아내는 한 가장(안성기 분)의 눈물겨운 이야기인 것이다.

영화를 보면서 이처럼 주인공에 빠져 픽션과 사실을 구분하지 못한 것도 처음 있는 일인 것 같다. 인간적 공감대가 깊게 우러나서 울다 웃다 콧물 눈물을 훌쩍거렸다.

주인공 매니저 역할의 배우 안성기는 마치 자신의 얘기를 풀어내듯이 완벽한 연기를 해냈다. 이전에 그가 맡았던 어떤 역할보다도 자신을 송두리째 태워 박민수 역으로 피어났기에 가능한 일이었다. 아역 배우로 시작해서 50년 넘게 연기한 안성기는 과연 한국 최고의 배우답게 단연 빛났다. 그가 이토록 오래 장수 할 수 있었던 것은 자연인 안성기의 인생과도 무관하지 않다.

영화의 줄거리는 가요대상까지 수상했던 가수의 몰락 과정을 풍자적으로 다뤘으나 실상은 평범한 우리네 삶과도 흡사한 얘기인 것이다. 소시민일지라도 풋풋하고 혈기왕성한 20대와 성숙의 과정을 밟는 3,40대를 거쳐, 50줄에 접어들면 이제 내려올 일만 남는 것이다.

가수왕에 올랐던 최곤(박중훈 분)은 수족처럼 곁에서 돌봐주던 매니저가 떠나자 자책감에 울부짖는다.

"홀로 빛나는 별은 없어!"

은하계의 4배에 가까운 안드로메다 성운조차도 발광체인 태양 없이는 홀로 빛날 수 없는 것이다.

우리는 은혜를 까마득하게 잊고 살고 있다. 손발이 닳도록 먹이고 입혀 키워주신 부모님, 무지를 깨우쳐주신 스승님, 가족을 위해 뺄, 쓸개 다 빼놓고 상, 하 눈치 보느라 기죽는 남편, 밥 한술 국 한 그릇에도 오매불망 가족 건강을 기원하는 아내의 손길 등, 공기처럼 가까이 있어서 오히려 당연지사로 여겨지는 그 거룩한 희생들을 잊고 살아가고 있다.

승승장구할 것만 같던 가수왕 최곤은 음주 폭력에 대마초까지 하루아침에 인기가 수직 낙하 한다.

어느 조직이나 중앙중심 체제인데 방송국도 예외는 아닐성싶다. 왕년에 탄광으로 흥청거리던 영월은 돈을 좇던 사람들도 철새처럼 빠져나가고 한가로운 풍경이 펼쳐진다. 굽이굽이 펼쳐지는 동강의 풍광은 환상적이나 사람과 돈이 빠져나간 시장의 거리는 한가롭다 못해 권태롭기 그지없다.

매니저 박민수는 사고뭉치 최곤의 뒷바라지를 하다 거덜이 나자, 중계소에 불과한 영월방송국 라디오 DJ로 가도록 최곤을 구슬려 내려간다. 10년 넘게 자체 방송이라고는 내보내지 않았던 영월지국장과 엔지니어는 시큰둥한 태도로 이들을 맞이한다.

왕년의 스타도, 지국장도 방송사고로 좌천된 PD도 부정적 시각으로 시큰둥한데 유독 박매니저 만이 눈을 반짝이며 이들을 독려한다. 천재는 여건이 열악할수록 빛이 난다고 했던가. 최곤의 발광체는 역시 박민수 매니저였던 것이다.

서툰 진행으로 첫 방송이 엉망진창이 되었는데도 대박이 터진 것이다. 외부와의 교류가 두절 된 투박한 오지였기에 가능한 일이었다. 자장면 철가방, 다방레지, 세탁소, 철공소 등 인기하고는 무관한 일에 종사하는 소시민들이기에, 소통의 연결고리로 바로 방송 DJ 최곤을 택했던 것이다. 그리고 한몫을 톡톡히 해낸 젊은 그룹, 록밴드 '동강'. 이 청춘들은 삭아가는 영월에 젊은 피를 수혈하는 데 크나큰 공헌을 했던 것이다. 이들의 순수한 열정에 힘입어 최곤도 묻혔던 보석이 가공되듯, 잠재됐던 선한 마음을 움직여 빛을 발하기 시작한다.

콤비 영화가 많고도 많으나 이 영화만큼 찰떡궁합은 드물지 싶다. 한 인간 안성기와 박중훈이 만나서 잘 삭힌 포도주처럼 어우러진 영화 『라디오 스타』는 인간성의 승리처럼 보인다.

두 배우여 영원하시라!

느꺼운 정을 가르친 선생, 김봉두

졸업 철이다. 어느 초등학교 병설 유치원에서는 졸업식과 아울러 스승의 날 기념행사도 아울러 치렀다고 한다. 그리고 보니 작년 스승의 날 행사를 하니 마니로 각 학교에서 분란이 일었던 것이 기억에 남는다.

요즘 학부모들은 자식이 코흘리개 적부터 일주일에 대여섯 군데의 보습학원을 순례하게 한다고 한다. 이렇게 교육열이 대단한 엄마 손에 이끌려 초등학교를 입학하고 중학교를 졸업한다. 상위권의 아이들을 특목고에 넣기 위해 열성 엄마들은 이산가족도 불사한다. 이렇게 유명세를 떨치는 특목고를 졸업한 아이들은 미국의 소위 아이비리그 대학 입학률도 높다고 대서특필 되었다. 그런데 최근에 국비장학생을 심사한 한 교수로부터 심각한 얘기를 들었다. 한국에서 극성 엄마들에 의해 온실 속에서 키워진 아이들이 막상 외국에 나가서는 경쟁력이 떨어질뿐더러

적응을 못 하고 슬그머니 귀국하는 사례가 빈번하다는 얘기였다.

교육은 말 그대로 백년지대계(百年之大計)이다. 금방 눈앞에 나타나는 가시적 효과만을 기대해서, 가능성이 무한한 아이들을 옴짝달싹 못 하도록 일률적으로 붙들어 매는 일은 죄악이다. 이제 푸릇푸릇 새싹을 움티울 아이들을 자연의 너른 품속으로 되돌려 보내자!

김봉두는 강남 8학군에서 잘나가던 초등학교 선생이었다. 그러다 그만 학교 비리에 연관되어 강원도 오지 마을 분교로 좌천되어 간다. 때마다 촌지도 쏠쏠하게 받아 챙긴 김봉두는 전교생이라야 궁기 흐르는 5명뿐인 영월의 산내분교에 도착한 후 살맛이 뚝 떨어지고 만다. 그의 실망하는 표정이 압권이다. 뒷걸음치다 똥 밟은 얼굴이라고나 할까?

왕년에 도시에서 하던 버릇대로 김봉두는 아이들에게 편지를 써 오라는 숙제를 낸다. 여기서 편지라는 것은 그저 봉투만 빌렸을 뿐, 저의는 뇌물을 의미하는 것이나 산골의 천진무구한 아이들이 그 깊은 뜻을 알 리가 없다.

선생 김봉두의 악역을 두드러지게 만든 조역 둘이 있다. 하나는 초등학교 소사이고 또 다른 인물은 문맹인 구멍가게 영감이다.

천구석에 박혀 속이 타는 김봉두는 애꿎은 담배만 축내고 있다. 아이들의 귀띔으로 영감이 담배를 많이 비축해 놓았다는 정보를 들은 김봉두는 허름한 가게에 가서 양담배를 요구한다. 부임 초부터 김봉두를 시답지 않게 생각하던 영감은 선생이 웬 양담배만 찾느냐며 호통을 치면서 구정물을 끼얹는다.

소사는 도시에서 새로 부임한 선생님을 위해 부엌을 손보고 나오다 김봉두와 마주친다. 김봉두는 허름한 차림의 어벌쩡한 소사를 다그치며 몸수색을 강요한다.

"왜 기래요? 난 학교 소사래요. 선생님이 추울까 봐 아궁이를 손봐써요. 누가 시키지 않아 써도 내가 좋아서 하는 일이래요!"

강남 8학군 출신 김봉두는 '별 미친놈 다 보겠네!'라는 듯 벌레 씹은 얼굴이다.

김봉두는 아이들 가르치는 일은 뒷전이고 하염없이 창밖의 신록을 바라보며 상념에 젖어 있다. 아이들을 자습시켜 놓고 언제 이 유배지에서 빠져나갈 수 있나, 그 궁리에만 몰두하고 있다. 땅에 뿌리를 내리지 않고 건성으로 허공을 헤매며 세월을 떠넘기는 김봉두의 낯에도 얼핏얼핏 가을바람 같은 순수한 표정이 나타났다 사라지곤 한다.

하늘을 이불로, 흙을 아랫목으로 생활하는 때 묻지 않

은 아이들을 보며 자신의 찢어지게 가난했던 어린 시절로 되돌아가는 것이었다.

소년 김봉두의 아버지는 학교 소사였다. 담임이 수업 시간에 장난치는 아이들을 나무랄 때, 창밖에서 삽질을 하는 김봉두의 아버지를 가리키며 '너희들도 공부 안 하면 저 소사처럼 된다!'고 하는 수모를 당하고 선생님이 되도록 결심했다. 학부모를 모셔오지 않는다고 회초리를 맞으면서도 초라한 자신의 아버지가 들통날까 봐 피가 나도록 입을 앙다물었다.

그 아버지가 지금 병원에서 코에 호흡기를 꽂고 생사를 헤매고 있다. 어쩌면 김봉두의 촌지 챙기기도 찢어지게 가난했던 유년 시절이 넌더리가 나서 그 수렁에서 헤어나기 위한 조바심이 빚어낸 결과일지도 모르겠다.

그의 아버지는 아들 학교에 가서 아들이 가르치는 아이들을 무척이나 보고 싶어 했었다. 그리고 늘 아들에게 타일렀다.

"애들은 그저 선생이 가르치기에 따라 달라진다!"

아이들이 자습을 그만하고 공부하고 싶다고 말하자, 김봉두는 돈 봉투도 가져오지 않는 것들이 말이 많다는 투로, 이성을 잃고 몽둥이로 아이들 손바닥을 심하게 내치친다. 급기야 도시에서 새로 전학 온 아이의 엄마가 교실에 들이닥쳐 자신의 아이가 무얼 그리 잘 못 했길래 손바닥에 피가 맺히도록 때렸냐며 강하게 따진다.

그때 "선생님은 잘 못 한 것이 없어요! 우리가 맞을 짓을 했어요!"라며 다섯 명 전부가 결사적으로 김봉두 선생을 비호한다. 비로소 제정신으로 돌아온 김봉두의 눈에 아이들의 사랑스러움이 들어온다.

너른 운동장에서 아이들과 어우러져 축구를 하고 냇가에서 미꾸라지를 잡으며 김봉두는 서서히 인간성을 회복한다. 문맹인 담배 가게 영감을 데려다 아이들과 같이 글을 가르치고 받아쓰기 시험도 본다. 지붕을 고치다 떨어져 다친 소사의 머리를 감겨주며 잃어버린 순수함을 되찾아간다. "애들이 학교 다니는 모습이 좋아서 학교 일을 하는 거래요!" 소사의 꾸밈없는 진실을 알고 김봉두는 죄책감에 사로잡힌다. 자신은 여태껏 천사 같은 아이들을 출세의 도구로만 보아오지 않았던가!

아버지가 운명하셨다는 연락을 받고 김봉두는 급히 상경한다. 영안실에서 아버지를 회상하며 참회의 눈물을 흘리고 있을 때, 전교생 5명과 학부모가 문상을 온다. 안 오셔도 되는데 멀리까지 왔냐고 하자 "그게 뭔 섭섭한 말이래요? 우린 다 한 식군데요!"

김봉두는 눈물을 흘리며 아버지 영정 앞에서 자신이 가르치는 아이들을 소개해 올린다.

백설이 온 누리를 덮은 교정에서 폐교되는 산내분교의 마지막 졸업식이 거행된다.

"제가 이 아이들을 가르친 것이 아니라 오히려 이 아이들이 저를 가르쳤습니다. 앞으로 어른이 되더라도 순수한 맘을 잃지 말고 학교가 없어지더라도 마음만은 항상 이 조그만 산내분교로 등교하기를 바란다." 김봉두 선생의 축사가 이어지는 가운데 양희은의 청아한 노랫소리가 흰 눈처럼 깔린다.

'선생님 가르쳐주신 은혜 잊지 않아요. 무지개가 떠요……'

꿈을 따는 아이들

사위가 온통 녹음으로 물들었다. 그 속에서 아이들의 낭랑한 소리가 탁구공처럼 튀어 오르고 있다. 비 온 뒤의 죽순처럼 키가 쑥쑥 자라나는 아이들을 보노라면 골머리 아픈 어른들의 근심거리가 쓸려나가는 기분이 든다. 그래서 '아이들의 눈높이로 세상을 바라보면 가슴으로 초록 물기가 차오른다.'고 했던가.

그런데 요즘 신혼부부들은 아이를 낳지 않으려 한다는 것이 현실이다. 출산율이 1.08 명으로 세계에서 제일 저조하다고 한다. '인구 재앙'이라는 표현까지 나오게 되었다.

우연히 동심에 흠뻑 빠져, 타임머신을 타고 유년으로 되돌아갈 수 있는 영화 〈아홉 살 인생〉을 보게 되었다. 2시간 내내 행복했다.

아이들의 세계에도 힘의 논리는 적용되어 서열이 분명하다. 덩치 큰 놈의 주위에 그를 추종하는 부하들이 졸졸 따르고 있다. 올바른 지도자라면 물리적인 힘만으로는 곤란하다. 두뇌의 회전이 빨라 적재적소에 부하들을 배치해야 하는 것이다.

9살 석이는 여동생을 포함해 부하 4명을 거느린 대장이다. 운동화 한 켤레 값이 3백 원 하는 시절이니 60년대 초반으로 보인다.

방과 후에 아이스케키 통을 메고 팔러 다니는가 하면, 골목에 퍼질러 앉아 똥지게 수를 헤아리기도 한다. 이미 이때부터 심부름센터가 존재한 셈이다.

한여름에 땀을 철철 흘리며 책가방을 메고 귀가할 때, 길에서 아이스케끼 장사를 만나면 인내심 테스트를 해야만 했다. 오 환에 불과한 값이었지만 그 당시 어린 나이로는 엄청나게 큰 가치였다. 그 시절 둥근 나무통을 슬슬 굴려 가면서 팔던 계란 아이스케끼의 단맛은 지금껏 입안에 침을 고이게 한다.

나도 또한 석이처럼 고약한 냄새 풍기는 재래식 화장실 앞에 코를 틀어막고 앉아 똥지게 수를 센 기억이 있다. 분뇨 한 통 치는 값이 꽤 비싼데, 퍼 나르는 지게 수를 속여 덤터기를 종종 씌우기 때문에 주인이 지키고 앉아 세어야만 하는 것이다. 내 집 것은 어른들의 명령이니 어쩔 수 없다 처도 석이는 남의 집 똥지게 수도 헤아려주며 아르바이트를 한 것이다.

석이의 엄마는 애꾸이다. 선천적인 것은 아니고 눈병을 앓았는데 치료를 제대로 받지 못해서 한쪽 눈이 실명되었다. 그것을 안타깝게 여긴 석이는 심부름을 해주고 모은 돈으로 엄마에게 색안경을 사주려고 했던 것이다.

철이 일찍 든 석이는 어려운 집안 형편을 알기 때문에 운동화가 다 떨어져 너덜거려도 아무 불평이 없다가 엄마 눈에 띈다. 조숙한 아들을 보며 가슴 아파하던 엄마는 새 운동화를 사주려고 읍내 신발 가게에 들른다. 신발가게 주인은 엄마의 눈을 보자 재수 없다는 표현을 노골적으로 하며 신발을 팔 수 없으니 나가라고 밀쳐낸다. 엄마의 수모를 목격한 석이는 분개하며 나중에 되돌아와서 주먹만 한 돌을 던져 신발 진열장 유리를 깨뜨리고 만다.

그리고 결심한다. 돈을 열심히 모아서 엄마의 안경을 사드리고 커서 꼭 성공해서 엄마의 눈을 고쳐드리기로.

석이의 가정은 단지 살림 형편이 좀 어려울 뿐이지 아내와 자식을 끔찍이도 아끼는 자애로운 아빠와 자신의 장애에도 불구하고 성실하고 정직한 엄마 밑에서 아이들이 바르게 자라고 있다.

어느 날, 세련된 차림의 한 여자아이가 석이 반으로 전학 온다. 도심 변두리 학교에 다니는 궁상맞은 아이들은 남녀 모두가 새로 전학 온 은혜에게 관심이 쏠리게 된다. 석이도 예외는 아니라서 석이를 추종하는 분이는 질투를 한다. 그리고 사사건건이 은혜의 석연치 않은 분위기를 캐내려 애쓴다. 짝지 석이는 은혜의 단정한 모습뿐만 아니라 풍겨오는 비누 냄새만으로도 왠지 가슴이 부푼다.

동네에서 제일 멋쟁이 누나에게 눈이 먼, 시인 형의 연애편지 심부름을 해주고 십 원씩을 받던 석이가 도무지 궁금한 듯 묻는다.

"형 누나가 그렇게 좋으면 직접 말을 해요. 편지만 쓰지 말고……."

"세상에는 말로 할 게 있고, 글로 쓸 게 있다. 말로 힘든 것은 글로 써야 된다!"

시인 형의 설명을 듣고 보니 일리가 있는 얘기였다. 석이도 언젠가는 은혜에게 자신의 야릇한 속내를 써 보내야겠다고 다짐한다.

또래들의 장난질이 심해지며 계절이 바뀌고 아이들은 영글어간다. 좁은 골목에서 벌어지는 사방치기, 술래잡기, 귀신놀이, 다방구, 땅따먹기, 공기놀이……. 아! 뼈가 저리도록 그 시절이 그립다.

자질구레한 심부름을 해주며 엄마의 안경 살 돈을 모으던 석이의 계획에 차질이 생기는 일이 벌어졌다. 급우들과 잘 어울릴 줄 모르는 공주 같은 은혜가 돈을 잃어버렸다고 호들갑이다. 담임은 아이들 모두에게 눈을 감고 손을 들게 하고 가져간 사람만 조용히 손을 내리라는 벌을 준다. 아무도 손을 내리는 사람이 없자 화가 머리끝까지 뻗친 담임은 오늘 집에 모두 돌아갈 수 없다고 엄포를 놓는다.

내가 초등학교에 다닐 때도 이런 분실사고가 자주 있었다. 책상 위에 올라가 두 손을 올리는 단체체벌도 있었지만, 무슨 약을 푼, 물에 손을 담그면 거짓말을 한 사람 손은 타들어 간다는 엄포에 괜히 부들부들 오금이 저린 적도 있었다.

한 아이의 제보로 석이의 눈물겹게 모은 돈이 발각 나서 담임의 추궁을 받게 된다. 공교롭게도 은혜가 잃어버린 돈과 액수가 딱 들어맞자 석이가 도둑으로 몰린 것이다. 담임은 석이를 향해 무차별 폭력을 가한다. 우악스런 손바닥으로 따귀를 여러 차례 올려붙이다가 그것도 모자라서 뒤통수를 후려갈기다가, 퍽 소리가 날 정도로 가슴을 쥐어박더니 급기야는 쓰러진 아이의 몸통을 발로 짓이기고 있다. 나는 마치 내 몸 위에 가해지는 폭력인 것처럼 증오심이 끓어올랐다. 설사 그 아이가 억만금을 훔친 범인일지라도 그렇게 잔인하게 어린아이를 다룰 수는 없는 일이었다. 나도 초등학교 5학년 담임으로부터 넓적한 손바닥으로 뺨을 맞은 기억이 있다. 청소당번 아이들이

174

청소를 하지 않고 운동장에 나가 놀았다고 부반장인 내가 책임을 지고 억울한 매를 맞았던 것이다. 남자아이들이 더러운 슬리퍼로 맞은 것에 비하면 나는 그래도 대접을 받았다고나 할지? 그다음 날까지 부은 볼이 가라앉지 않아서 할머니가 학교에 찾아가시려 했던 기억이 떠오른다. 지금껏 그 담임의 얼굴은 폭력의 상징으로만 존재하고 있다.

석이는 이튿날, 엄마를 모셔오라는 통에 결석을 하고 만다. 엄마가 학교에 가게 되면 인간성 나쁜 담임에게 또 어떤 수모를 당하게 될지 걱정이 되어서였다. 어린 석이의 가슴이 못난 어른들의 가슴보다도 몇백 배 너른 것에 가슴이 저려온다.

정들자 이별이라고 석이에게도 가슴 아픈 이별의 순간이 닥쳐온다. 이웃의 시인 형을 통해 사춘기의 풋사랑을 어렴풋이 배워갔는데 그만 그 형이 이루지 못할 사랑으로 자살을 하고 만다. 떠나기 전, 마지막으로 전해달라던 편지 속의 글귀가 석이를 아프게 한다.

"니는, 이별이 왜 슬픈지 아나? 멀리 떠난 사람에게는 뭔가를 해 줄라 해도 해줄 수 없기 때문에 슬픈 것이야!"

긴 하루, 짧은 생애

최근에 전경린의 소설 『엄마의 집』을 읽었다. 갓 스무 살, 대학생 딸의 시각으로 한 부모 가정의 얘기를 해말간 수선화처럼 풀어낸 소설이었다. 화가였던 엄마는 양성애 취향의 딸에게 담담하게 성교육을 하고 있다.

"인간은 누구나 행복을 추구할 권리가 있어, 저마다 자기 생긴 대로 행복을 찾아야 한다구. 범죄가 아닌 이상, 누구도 그걸 억압해서는 안 돼."

영화 〈The Hours〉는 시대와 공간이 각기 다른 곳에서 일어나는 세 여자의 특별한 부부생활을 보여준다. 퓰리처 상을 수상한 마이클 커닝햄의 소설을 영화화했는데, 그 소설은 또 버지니아 울프의 『댈러웨이 부인』이란 소설을 바탕으로 그녀의 삶과 작품 세계를 반영했다.

버지니아 울프(니콜 키드먼)가 신경쇠약에 걸려 소설 『댈러웨이 부인』을 쓰던 시기는 1923년 영국 리치먼트이고 그 소설을 성경처럼 손에 쥐고 갈팡질팡하는 로라(줄리안 무어)는 1951년 미국 LA에서 살고 있다. 그리고 2001년 뉴욕에서는 크래리샤(메릴 스트립)가 영원한 애인 리차드의 문학상 수상 파티를 벌이고자 동분서주하고 있다.

감독은 시대뿐만 아니라 공간까지도 치밀한 3중 틀을 짜서 주제의식을 집요하게 풀어내고 있다. 복잡하게 얽힌 화면을 쫓다 보면 광맥을 찾아 음습한 갱 속으로 들어가 깊숙한 곳에서 맞닥뜨리는 그 절망이란! 현대에조차 세상을 술렁이게 하는 동성애의 문제, 바로 이것에 봉착하게 된다.

몇 년 전, 잘나가던 배우 하나가 커밍아웃을 하고 연예계에서 외면당했다 이제 조금씩 연민의 정을 받고 있지 않던가.

버지니아 울프는 자신의 병을 고쳐주려 노심초사하는 남편을 나 몰라라 하고, 50년대의 로라는 애정 없는 결혼생활이 시들하기만 해 언제라도 탈출하려 기회만 엿본다. 이런 사랑 없는 가정에서 불우하게 자란 리차드는 가슴 밑바닥에 엄마에 대한 불안이 쌓여가고 마침내 그 불안이 여성에 대한 불신으로 자리 잡는다. 비정상적인 여성관을 가진 리차드를 평생에 걸쳐 뒷바라지한 크래리샤 조차도 리차드의 그릇된 사랑법으로 인해 다른 남자의 정자만 받아 딸을 낳아 기른다.

버지니아 울프는 주인공을 죽여야 할지, 살려내야 할지, 『댈러웨이 부인』을 완성하려 의식주를 전폐하고 작품에 몰두한다. 병적 집착이 소설의 주인공과 자신을 동일시 한 결과 집 밖으로 수시로 탈출을 시도한다. 남편은 아내의 신경쇠약을 다스리고자 런던에서 시골로 왔건만 정작 버지니아는 울부짖는다.

"인생을 빼앗긴 건 바로 나야! 난 어둠 속에서 고통받는데 그 고통을 아는 건 나뿐이야, 난 도시의 격렬한 삶을 원해, 나도 인생을 누릴 자격이 있단 말이야, 미친 사람도 인간이니까!"

20세기 소설작법의 변혁을 가져온 버지니아 울프는 자신의 병약했던 신경 덕분에 내면의 의식 흐름과 독백 등의 탁월한 기법이 소설 속에 녹아 흐르는지도 모르겠다.

한 인간이 자라나 정상적인 사회의 일원이 되려면, 엄마의 지극한 정성이 밑거름이 되어야 한다는 것을 이 영화는 명징하게 보여주고 있다.

소설 『댈러웨이 부인』을 손에 쥐고 자신조차도 어쩔 줄 모르고 쩔쩔매는 리차드 엄마, 로라도 가엾기는 마찬가지이다. 전쟁이 끝난 후, 남편이 전리품처럼 아내를 맞아들여 사랑 없는 결혼의 피해자임은 틀림없다.

영화 감상 내내, 속 시원하게 울음이라도 터뜨렸으면

하고 동정이 간 사람은 리차드의 애인, 크래리샤(메릴스트립)이다. 자신을 버리고 달아난 젊은 엄마와 5살 어린애에 갇혀, 몸만 자라난 리차드는 무시로 혼자 남겨지던 절망적 환영에 시달린다. 그리고 모성에 대한 불신이 여성 전체에게로 번져 스스로도 괴로워 몸부림친다.

　결국 리차드는 문학상 시상식 날, 크래리샤가 보는 앞에서 창밖으로 몸을 던진다. 메릴스트립의 절망적 얼굴이 압권이다. 오랜 시간 애면글면 뒷바라지한 공든 탑이 허무하게 코앞에서 무너질 줄이야. 전 생애를 관통하는 비통함! 결국, 여성이기에 겪어내야만 했던 고뇌를 일순, 표출해 낸 연기력은 과연 베를린 영화제에서 여우주연상을 받고도 남을 장면이었다.

가족의 힘

미풍에 벚꽃 잎이 눈처럼 휘날린다.

5월은 계절의 여왕이다. 그리고 또한 사랑의 계절이다. 연인들의 속삭임이 무르익고 삼삼오오 짝을 지은 가족들이 꽃처럼 환한 웃음으로 꽃길을 걷고 있다. 모두가 사랑의 힘이다. 그런데 이 찬란한 세상 한 편에는 넓게 그늘이 드리워 쓸쓸한 사람들이 있다.

불행은 꼬리를 물고 온다고 하던가. 유명한 홍보 기획사의 잘나가는 최연소 팀장, 도널드 스미스(영화 - Grersey Girl)는 결혼한 지 이태 만에 아내를 잃는다.

아내는 첫아이를 낳다가 동맥류로 딸의 얼굴도 보지 못한 채 숨을 거두고 만다. 그날로 도널드의 생활은 뒤죽박죽으로 엉키고 만다. 시청 청소부인 연로한 아버지에게 어린 딸의 육아를 맡기다시피 하고 자신의 일에만 몰두

한다. 생활의 리듬이 깨져 엉망진창이 된 어느 날, 도널드는 결정적인 실수를 하고 만다. 자신이 홍보를 맡은 유명한 가수의 공식 기자회견 자리였다. 피치 못하게 어린 딸을 회견장까지 데려온 도널드는 아이가 똥을 싸고 보채는 바람에 정신이 없다. 주인공이 늦는다고 기자들이 채근을 하자, 짜증이 난 도널드는 얼떨떨한 김에 "가수 프래쉬는 3류급이다."라고 내뱉고 만다. 그날로 도널드는 광고계의 전설적 존재가 되어 회사에서 쫓겨난다.

도널드는 고향집으로 돌아와서도 세계 문화를 주도하는 예술의 본고장, 뉴욕을 잊지 못한다. 아버지와 같이 청소차를 몰면서도 온통 정신은 뉴욕에 가 있다. 그리고 기회 있을 때마다 취직해서 다시 뉴욕으로 돌아가고 싶어 안달이다.

그 와중에서도 딸은 무럭무럭 자라나 초등학교에 입학한다. 아빠와 비디오를 빌리면서 논쟁할 정도로 영리하고 예쁘게 자랐다. 비록 엄마는 일찍 여의었지만 할아버지의 지극정성으로 자란 거티는 사사건건 아빠와 의견충돌을 벌인다.

어느 날, 드디어 아빠 혼자선 감당하기 난처한 일이 벌어진다.

꼬맹이 남자친구와 놀다가 몹시 궁금한 듯, 고추를 보여 달라고 하자, 천진난만한 동심은 아무 거리낌 없이 바지를 내리고 보여준다. 네 것도 보자는 통에 거티도 스스럼없이 팬티를 내리고 보여주고 있을 때, 아빠가 들이닥쳤다. 또래 어린아이의 호기심을 이해하지 못하는 도널드는 어른의 잣대를 들이대고 거티의 어린 남자친구를 윽박지른다.

"너 이제, 어떡할래? 거티의 잠지를 보았으니 책임을 지고 결혼을 해야 한다!"

엄마 없이 남자들 손에 키워진 거티는 남녀관계에 유별난 호기심을 갖고 성인 비디오를 보려고 끊임없이 아빠와 실랑이를 벌인다.

한 날, 비디오를 빌리러 가서 딸과 여전히 아옹다옹하던 도널드는 아르바이트생에게 설문지 조사에 응해줄 것을 제의받는다. 그녀는 대학원에서 남자들의 비디오 대여 경향에 대해 논문을 쓰고 있었던 것이다. 도널드가 홀아비인 줄 모르고 성도착증쯤으로 오해했던 아가씨는 거티로부터 엄마가 없다는 얘기를 듣고 도널드를 가엾게 여겨, 단순한 욕구해소 파트너가 되어주겠다는 의외의 제의를 한다.

끓어오른 두 몸이 막 하나로 합쳐지려는 찰나에 학교를 파하고 돌아온 거티의 목소리가 아래층에서 들린다. 당황한 두 사람은 샤워실에 숨었다가 딸에게 들키고 만다. 두 사람의 적나라한 모습을 목격한 거티는 당황하지 않고 차분하게 어른들을 타이른다.

"이제 어떻게 할래요? 우리 아빠 책임지세요! 아빠 말씀이 서로의 맨몸을 보여줬으면 결혼해야 하는 거래요."

자신이 딸에게 타일렀던 말을 고스란히 되돌려 받은 도널드는 할 말이 없어 입도 벙끗 못한다.

울며불며 어린 딸을 키운 지 7년 남짓, 도널드는 다시 본래의 직업을 찾아 뉴욕에 가기를 갈망한다. 그리고 전 회사의 부하 직원에게 유명회사 입사추천을 부탁한다.

그동안 가족이나 진배없이 어린 딸, 거티를 돌봐줬던 아버지 친구들과 비디오가게 아가씨에게 자신은 다시 뉴욕으로 갈 것임을 천명하자 제일 반대하는 사람은 역시 어린 딸이다.

아버지는 혼자서 쓸쓸하게 죽고 싶지 않다고 하소연하고 거티는 반발한다.

"나는 뉴욕보다 여기가 좋아."

"뮤지컬을 많이 볼 수 있는 뉴욕이 좋다고 전에 그랬잖아!"

"아니야, 나는 할아버지와 삼촌들과 언니가 있는 여기가 더 좋아!"

"너, 아빠 말에 꼬박꼬박 말대답할래?"

"차라리 아빠가 죽고 엄마가 살았더라면 나았겠어!"

"이제 나도, 너 때문에 잃어버린 내 삶을 되찾을 거야!"

어린아이와 똑같이 도널드가 이성을 잃고 해서는 안 될 말을 내뱉자, 거티는 울음보를 터뜨리며 2층 제 방으로 올라가 방문을 잠근다.

어디 말로써 잃는 것이 부녀지간 정뿐이랴. 아차, 싶은 순간에 공든 탑이 와르르 와르르 무너지지 않던가. 세 치 혀를 잘 못 놀려 목숨도 왔다 갔다 하는가 하면, 말 한마디로 천 냥 빚도 갚는다고 하지 않던가.

뒤늦게 사태를 파악한 도널드는 딸 방에 올라가 진심으로 사죄한다.

"아빠가 아까 한 말은 본심이 아니었어. 네 엄만 내 삶의 빛과 같았지. 넌, 엄마의 일부야. 그래서 아빠에겐 네가 소중해! 널 위해 무엇이든지 할 수 있어. 넌 내 생애 최고의 선물이거든!"

"엄마도 뉴욕을 좋아했어? 엄마가 좋아했으면 나도 아빠 따라 뉴욕에 갈 수 있어!"

오랫동안 가로막혔던 부녀의 오해가 풀리려, 사랑이 꽃바람보다도 더 감미롭게 불어와 그의 가정을 휘감는다.

생생한 삶

남편 동료로부터 영화표 2장을 선물 받았다. 우리 부부는 결혼 후, 같이 본 영화라곤 다섯 손가락 안에 꼽을 수 있을 정도였다. 이런 처지에서 이보다 더 귀한 찬스가 있겠는가. 게다가 영화 제목은 우리의 결혼 30년과 절묘하게 맞아떨어지고 있다. 우연치고는 참으로 묘한 우연이었다.

〈지금 사랑하는 사람과 살고 있습니까?〉(정윤수 감독)

티켓을 받아들자, 체기처럼 명치끝이 먹먹하게 받쳐왔다. 실로 예기치 못한 상황이었다.

우리의 결혼생활은 과연 어떤 상태로 오랜 세월 무리 없이 유지되고 있는 것일까? 비단 우리 부부만의 문제가 아닌 것이다. 모든 기혼자들이 한 번쯤 점검해야 할 사회적 명제를 더 늦기 전에 다룬 의미 있는 주제이기에 감상 전부터 많은 기대를 하고 영화관으로 향했다.

영화는 고급 멤버스 라운지의 오픈을 축하하기 위해 4

쌍의 부부가 모이는 곳에서 시작된다. 개성적 배우들의 얼굴만큼 8명의 남녀는 각기 다른 사고방식을 소유한 사람들이다. 성격뿐만이 아니라 직업들도 다양해 각 분야에서 각자 열심히 살아내는 전문인들이다.

패션 컨설턴트인 서윤아(엄정화 분)와 호텔의 평범한 매니저인 정민제(박용우 분)는 남들이 부러워할 정도의 애정을 과시하며 나타난다. 이 부부와 대조적인 커플이 있다. 남들이 희희낙락 떠드는 가운데서도 눈을 감고 잠에 빠져드는 재벌 2세 박영준(이동건 분)과 국내 최대의 조명기기 회사의 딸, 한소희(한채영 분). 조명연구소 실장인 한소희는 자신의 남편과 전혀 다른, 아내에게 곰살맞게 구는 정민제를 부러운 눈으로 바라보다 자신도 모르는 새, 쓸쓸함이 얼굴에 번진다. 천성적으로 어질고 자상한 민제도 한소희의 외로움을 읽는다. 남녀의 내면의 흐름을 한순간도 놓치지 않고 카메라에 담아낸 감독의 신비로운 감수성에 탄성이 절로 솟는다. 서로의 텔레파시를 감지하는 동물적 본능으로 섬세하게 이어지는 영화의 장면들은 숨 쉴틈도 주지 않는다. 나는 소희가 되었다가 관능적인 윤아가 되었다가 화면에서 눈을 뗄 수 없는데 아으! 다롱디리 남편은 코까지 골며 단잠에 빠져있다.

죽도록 4년 열애 끝에 결혼한, 경제적으로 빠듯한 서윤아 커플과 재벌 2세 끼리 정략 결혼한 한소희 커플은 여러모로 대조적이다.

콩깍지가 씌어 결혼한 나 역시, 살면서 친정어머니의 말씀을 기억해 낼 적이 많았다.

"얘야, 결혼은 생활이다, 사랑만 갖고는 살 수 없다."

우리의 원만한 결혼생활은 과연 좋은 밥을 먹어야만 유지되는가, 아니면 사랑만으로도 살아 낼 수 있는 것일까? 영원히 풀리지 않는 화두인 것이다. 감독은 확답할 수 없는 이 어려운 질문을 수시로 던지고 있다. 천의무봉처럼 표나지 않게 시도 때도 없이 구석구석 찌르는 통에, 현란한 교합 장면에서조차 비루한 삶이 서러워 눈시울이 뜨거워진다. 감정이입이 촘촘하게 이어져 실핏줄까지도 헤집어 놓는다.

이 영화의 백미는 단발적인 대사에 있다. 촌철살인 같은 주인공들의 대화 한마디 한마디가 카타르시스를 경험하게 한다. 시종일관 거드름을 피우는 재벌 2세 박영준의 자신이 어떠냐는 물음에, 운전기사는 보기 좋게 한 방 날린다. "밥맛이죠! 재수 없죠!"

감독은 우리가 감내해야 할 결혼생활을 해부하듯이 결결이 뜯어 보여주고 있다. 그리고 몸뚱이란 얼마나 허망한 껍데기인가를 깨닫게 한다.

생생한 삶의 현장에도 허허로운 내 가슴에도 철 이른 진눈깨비가 휘날리고 있다.